Handelsvertragsverein.

Berlin W. 9, Köthenerstraße 28/29.

Entwurf des neuen norwegischen Zolltarifs nebst Zolltarifgesetz

vom 12. Oktober 1904.

(In Kraft zu setzen am 1. April 1905.)

Unter Gegenüberstellung der alten und neuen Zollsätze und der Einfuhrziffern

Übersetzt

von

Walther Borgius.

Berlin.

Druck und Verlag von Georg Reimer.

1904.

Seiner Königlichen Majestät gnädigste Vorlage an den Norwegischen Reichstag betr. die Zollabgaben vom 1. April 1905 ab.

Wir Oscar, von Gottes Gnaden König von Norwegen und Schweden, der Gothen und Wenden

tun kund:

Unter gleichzeitiger Übermittlung einer Kopie des diesbezüglichen untertänigsten Entwurfs der Norwegischen Regierung empfiehlt Seine Majestät dem Reichstage gnädigst, seine Entscheidung betreffend die Zollabgaben vom 1. April 1905 ab in Gemäßheit beifolgenden Entwurfs zu treffen.

Seine Königliche Majestät verbleibt dem norwegischen Reichstag mit aller Königlichen Gnade und Huld wohl gewogen.

Gegeben auf Schloß Drottningholm
den 12. Oktober 1904.

Mit unserem Handzeichen und des Reiches Siegel.

OSCAR.

(L. S.)

Sigurd Ibsen. Lehmann.

Tarifgesetz.

§ 1. Von Waren und Fahrzeugen sollen folgende Abgaben an die Staatskasse entrichtet werden: a) Einfuhrzoll, b) Niederlagegebühren, c) Last- und Leuchtturmgebühren.

§ 2. Der Einfuhrzoll, welcher nach den Minimalsätzen des beifolgenden Tarifs zu berechnen ist, wird entrichtet von den in Nr. 12 des Tarifs genannten Lustbooten und Lustfahrzeugen sowie von ausländischen Waren, die zum Verbrauch im Lande eingeführt werden, ohne Rücksicht darauf, ob die Einfuhr für private oder öffentliche Rechnung erfolgt, desgleichen von inländischen Waren, für welche bei der Ausfuhr nach dem Auslande eine Rückerstattung der an den Staat entrichteten Abgaben bewilligt worden ist.

Soweit mit einem fremden Lande ein gegenseitiges Handels- und Schiffahrtsabkommen nicht getroffen ist oder ein früher abgeschlossener derartiger Vertrag außer Kraft tritt, kann der König, wenn das betreffende Land norwegische Waren oder Schiffahrt ungünstiger behandelt als die eines anderen Landes, eine Bestimmung erlassen, daß dem betreffenden Lande gegenüber die Sätze des Maximaltarifs ganz oder teilweise zur Anwendung kommen. Es bleibt Königlicher Entschließung überlassen zu bestimmen, inwieweit und für welche Waren besondere Ursprungszeugnisse zu verlangen sind, damit die allgemeinen Tarifbestimmungen zur Anwendung gebracht werden können.

Von dem vorgeschriebenen Einfuhrzoll befreit sind zunächst Waren, zu deren zollfreier Einfuhr jemand eine besondere Genehmigung oder Erlaubnis erhalten hat oder später erhält, ferner:

a) Schiffsinventar (das in Nr. 12 des Tarifs genannte ausgenommen), darunter Kajüten-, Kombüsen- u. dsgl. -Inventar, soweit es nach Beschaffenheit und Menge augenscheinlich dem Fahrzeuge entspricht und zum Gebrauch auf demselben Fahrzeuge verbleibt, in welchem es aus dem Auslande eingeführt wurde. Werden Inventarienstücke als Transitgut aus dem Reiche ausgeführt, und ergibt sich bei der Rückkehr des Fahrzeuges, daß sie auf diesem in Gebrauch genommen worden sind, so entfällt die Verpflichtung zur Entrichtung des Einfuhrzolles.

b) Inventarienstücke der gedachten Art, welche am Lande geborgen werden, einzeln oder von Schiffen, welche an der norwegischen Küste gestrandet sind. Ferner solche, welche norwegischen Schiffen angehört haben, die im Auslande gestrandet oder gesetzlich als nicht seetüchtig befunden sind, nachdem das Zolldepartement den dafür notwendigen Beweis für geführt erachtet hat.

c) Schiffsproviant und anderer auf Fahrzeugen vom Auslande mitgebrachter Schiffsbedarf, welcher an Bord verbleibt, jedoch nicht in größerer Menge, als nach dem Dafürhalten der Zollaufsichtsbehörde mit der Größe des Fahrzeuges, der Zahl der Bemannung und der Passagiere, sowie der Zeit seines Aufenthalts am Ankunftplatze im Einklang steht. Wenn die mitgebrachten Waren und Passagiere für verschiedene inländische Plätze bestimmt sind, so kann die zollfreie Benutzung fortdauern, bis das Fahrzeug an den Platz gelangt, wo der Rest der mitgebrachten Waren und Passagiere gelandet wird, desgleichen auch noch während des Aufenhaltes daselbst. Klariert das Fahrzeug darauf nach dem Auslande aus oder geht nach einem anderen inländischen Platze, ohne Waren eingenommen zu haben, so kann der Überrest des Proviants und sonstigen Schiffsbedarfs zum Verbrauch an Bord verbleiben, ohne Zoll zu entrichten, soweit er nach Dafürhalten der Zollaufsichtsbehörde das der Länge der bevorstehenden Reise und den sonstigen Umständen entsprechende Maß nicht übersteigt. Geht das Fahrzeug dagegen nach einem anderen inländischen Platz, nachdem es Waren eingenommen hat, die für das Inland bestimmt sind, ohne zugleich nach dem Ausland ausklariert zu haben, so muß das Übriggebliebene, soweit es nicht als unerheblich zu erachten ist, verzollt werden; dasselbe muß geschehen, wenn die Mannschaft abgemustert wird, sofern nicht das Übriggebliebene unter Zollverschluß gelegt oder versiegelt wird.

Hinsichtlich des Schiffsproviants auf Dampfschiffen, welche sich in kombinierter In- und Auslandsfahrt befinden, bleiben die hier gegebenen Bestimmungen in Anwendung mit den näheren Beschränkungen, welche die Zollbehörde zur Vermeidung etwaigen Mißbrauches für notwendig erachtet.

Kaffee, Tee, Zucker, Butter aller Art, Fleisch und Speck, ferner frisches Fleisch in hermetisch oder luftdicht verschlossenen Gefäßen, Schiffszwieback, Zwetschgen, Reisgries und Reismehl, Segeltuch, sowie Leucht- und Maschinenöl, welche von einer Niederlage ausgeführt werden, können zum Verbrauch an Bord der Schiffe, welche nach dem Auslande auf den Walfisch-, Walroß- oder Seehunds-Fang im südlichen oder nördlichen Eismeer gehen, zollfrei verabfolgt werden, sobald die Ausklarierung stattgefunden hat und die Besatzung angemustert ist, jedoch nur insoweit, als nach Befinden der Zollaufsichtsbehörde die Menge dieser Waren nicht die Grenzen des Bedarfs überschreitet, und unter der Bedingung, daß der Schiffer als redlicher Mann auf Treu und Glauben schriftlich versichert, daß die Gegenstände zum Proviant für die Bemannung und die Passagiere — bezw., sofern die ausgelieferten Waren Öl sind, zur Beleuchtung oder zum Maschinengebrauch — an Bord des Schiffes bestimmt sind, und mit seinem Wissen und Willen nicht ins Land eingeschmuggelt werden sollen.

Wenn die Mannschaft sich während der Reparatur eines Fahrzeuges am Lande aufhält, so kann von dem vom Auslande mitgebrachten Proviant so viel zollfrei abgelassen werden, als nach Dafürhalten der Zollverwaltung zum Verbrauch der Mannschaft erforderlich ist.

d) Kleidungsstücke und andere den Reisenden gehörende Gebrauchsgegenstände für die Reise, soweit sie die Zollaufsichtsbehörde nach Menge und Beschaffenheit als zum eigenen Gebrauch eingeführt erachtet. Werden dergleichen Gegenstände nicht von den Reisenden selbst mitgebracht, so werden sie nur dann zollfrei zugelassen, wenn die Zollaufsichtsbehörde außer der Überzeugung, daß sie zum eigenen Gebrauch bestimmt sind, findet, daß sie Spuren des Gebrauchs an sich tragen. Kleidungsstücke und anderes Reisegut, welche Norwegern gehört haben, die im Auslande verstorben sind, gehen ebenfalls zollfrei ein, soweit sie Spuren des Gebrauchs an sich tragen.

e) Werkzeug, Fuhrwerk, Fahr- und Reitzeug, Haus- und Wirtschaftsgerät oder dergleichen, wenn diese Gegenstände Spuren des Gebrauchs an sich tragen und für Rechnung und zum Gebrauch von Personen eingehen, welche sich im Auslande mindestens ein Jahr aufgehalten und diese Gegenstände daselbst in Besitz und Gebrauch gehabt haben. Ferner Sachen dieser Art, welche durch Erbschaft an einen Einwohner des Landes fallen, sofern sie Spuren des Gebrauchs aufweisen. Auch andere gebrauchte Sachen können vom Zolldepartement zollfrei oder zu einem niedrigeren als dem für die Ware allgemein festgesetzten Zoll abgelassen werden.

f) Warenproben, soweit ausgeschlossen erscheint, daß damit Handel getrieben wird. Siehe übrigens § 12.

g) Emballagen von augenscheinlich gewöhnlicher Art, welche Waren umschließen, sofern nicht ausdrücklich bemerkt ist, daß sie bei der Zollbehandlung im Gewicht der Ware mitgerechnet oder besonders verzollt werden sollen. Ferner zurückgesandte Emballagen, welche vom Lande ausgeführte Waren enthalten haben. Als Emballage wird auch das Material betrachtet, welches als innere Verkleidung für Fahrzeuge eingeht.

§ 3. 1. Bei Reisen zu Lande von Schweden nach Norwegen soll es erlaubt sein, von zollpflichtigen Naturprodukten oder Fabrikaten, deren Einfuhr erlaubt ist (mit Ausnahme von Spielkarten, welche sowohl einer Stempelabgabe, wie einem Zoll unterworfen sind, sowie von Branntwein und Spiritus und den daraus bereiteten Getränken und Weinen, für welche letztere Waren Zoll erlegt werden soll), folgende kleinere Mengen zollfrei mitzunehmen:

Brot 10 kg,
Speck 10 kg,
Garn jeder Art, insgesamt 5 kg,
Kaffee und Kaffeesurrogate insgesamt 5 kg,
Malz 10 kg,
Reis 5 kg,
Zucker 5 kg,
Getreide, unvermahlen, 40 kg,
desgl. vermahlen, 25 kg,
Tabak 1 kg,
gewebte Stoffe jeder Art, insgesamt 15 m, jedoch nur bis zum Gesamtwert von 25 Kronen,
Bier 5 Liter,
andere Waren jeder Art im Gesamtwert von 20 Kronen.

Für Waren, welche in größeren Mengen, als vorstehend festgesetzt, von Reisenden mitgeführt werden, soll Zoll in Übereinstimmung mit dem geltenden Zolltarif für das ganze eingeführte Warenquantum erlegt werden.

Die in diesem Abschnitt erwähnte Zollfreiheit gilt nicht für Waren, welche zu Handelszwecken eingeführt werden, um entweder in gewöhnlicher Weise verkauft oder als Vergütung für ausgeführte Arbeit geliefert zu werden, auch nicht für Waren, welche von einem Geschäftsmann oder für Rechnung eines solchen eingeführt werden, sofern es Waren der Art sind, mit welchen er Handel treibt.

Der Reisende soll verpflichtet sein, auf Verlangen eines Zollbeamten außer Angabe von Gewerbe und Wohnort eine eidesstattliche schriftliche Versicherung abzugeben, daß die Waren, die er mit sich führt, nicht zu Handelszwecken im oben ausgeführten Sinne eingeführt werden. Werden die Waren nicht für eigene Rechnung des Reisenden eingeführt, so soll solche Versicherung von demjenigen abgegeben werden, für dessen Rechnung sie eingeführt werden.

Unterläßt jemand, solche Versicherung abzugeben, so sollen die Waren in gewöhnlicher Weise verzollt werden.

2. Waren, welche über Svinesund oder den Iddefjord östlich der Sponviks-Schanze in Fähren, Leichtern oder Booten unter 4 to Gehalt oder im Winter über das Eis von Schweden nach Norwegen befördert werden, sollen hinsichtlich der Zollbehandlung als landwärts eingeführt angesehen werden, insofern sie nicht entweder seewärts nach der schwedischen Seite der genannten Fährstelle oder des Fjords befördert und von dort später nach der norwegischen Seite übergeführt sind oder nach der letzteren Seite übergeführt sind, um von dort unmittelbar weiter seewärts verbracht zu werden.

3. Wenn in den Grenzbezirken jemand auf beiden Seiten der Grenze Eigentum besitzt oder bewirtschaftet, so können Aussaat, Vieh und Gerätschaften, welche zur Bewirtschaftung des Eigentums gebraucht werden, zollfrei über die Grenze nach Norwegen eingeführt werden.

4. Waren, welche von der Grenzbevölkerung für den Hausbedarf von Norwegen nach Schweden zur Reparatur, oder zur Veredlung durch Bleichen, Färben, Gerben, Vermahlen, Spinnen, Weben oder andere ähnliche Bearbeitungen gebracht und nach

solcher Veredlung oder Reparatur wieder eingeführt werden, sollen bei der Wiedereinfuhr von Zollabgaben befreit sein.

Desgleichen sollen Waren, welche von der Grenzbevölkerung für den Hausbedarf von Schweden nach Norwegen verbracht, um hier eine solche Veredlung oder Ausbesserung zu erfahren, und danach wieder nach Schweden ausgeführt werden, bei der Einfuhr nach Norwegen frei von Zollabgaben sein.

5. Zugtiere und Fuhrwerke, welche offenbar nur zum Transport von Gütern oder Personen von Schweden nach Norwegen verwandt werden, sind Zollabgaben nicht unterworfen.

6. Zur Verhütung von Mißbrauch der unter 3., 4. und 5. gewährten Vergünstigungen hat das Finanz- und Zolldepartement oder in besonderen Fällen die betreffende Zollbehörde an der Grenze die näheren Kontrollvorschriften zu erlassen, welche als nötig erachtet werden.

Das Finanz- und Zolldepartement wird ermächtigt, bei der Einfuhr nach gewissen Landesteilen oder über gewisse Wege die für die zollfreie Einfuhr in diesem Paragraphen festgesetzten Maximalsätze zu erhöhen, sowie zu bestimmen, daß für gewisse kleinere Quantitäten, trotzdem die Ware zum Verkauf eingeführt wird, Zollfreiheit gewährt wird, wenn sie in einem an Norwegen anstoßenden schwedischen Grenzdistrikt hergestellt wird, ein Erzeugnis von Ackerbau oder Hausindustrie ist und die Einfuhr für Rechnung des Produzenten erfolgt. Das Departement soll außerdem ermächtigt sein, ganz oder teilweise die Erhebung des Einfuhrzolls von denjenigen Waren zu unterlassen, welche über die Landgrenze nördlich vom Amt Nordre Trondhjem eingeführt werden.

§ 4. Waren, welche im Meere oder in unbewohnten Gebieten der Polargegend aufgefunden werden und von dort direkt zur Einfuhr kommen, sollen angesehen werden als inländische Waren, welche an der Stelle aufgefunden sind, wohin sie eingeführt werden.

§ 5. Beschädigte zollpflichtige Waren, soweit sie entweder nach Überzeugung der Zollaufsichtsbehörde oder nach sonst geführtem Beweis während der Reise, d. h. nachdem sie eingeladen und bevor sie an Land gebracht sind, in dem Grade beschädigt sind, daß der Wert um ein Viertel oder mehr verringert ist, sollen, sofern sie im Wege der Versteigerung zum Verkauf kommen, 15 % des Auktionserlöses als Zoll entrichten, wenn sie unverzollt, 13 %, wenn sie verzollt verkauft werden. In beiden Fällen werden dem Erlös der Auktion die Gebühren und sonstigen Unkosten, zu deren Erlegung der Käufer außer dem Auktionsgebot noch verpflichtet ist, hinzugerechnet.

Von den folgenden Waren ist jedoch der Einfuhrzoll nach den beigefügten Prozentsätzen zu berechnen:

von Kaffee in verzolltem Zustand	20 %
in unverzolltem Zustand	25 %
von Malz in verzolltem Zustand	66²/₃ %
in unverzolltem Zustand	200 %
von Zucker in verzolltem Zustand	40 %
in unverzolltem Zustand	67 %
von Tabakblättern, Karotten*) und Tabakstengeln in verzolltem Zustand	60 %
in unverzolltem Zustand	150 %

Vorstehende Bestimmungen kommen nicht bei Branntwein in Anwendung.

Es hängt dabei in jedem Falle vom Eigentümer oder seinem Kommissionär ab, ob er es vorzieht, den Zoll nach den sonst bestimmten Regeln zu entrichten.

§ 6. Wenn eine Ware aus Teilen zusammengesetzt ist, welche verschiedenen Zollsätzen unterliegen, und nicht unter

*) Zusammengeschnürte Rolle von Tabaksblättern, die der Gährung unterworfen wird.

eine im Einfuhrzolltarif namentlich aufgeführte Warengattung subsumiert werden kann, so steht es dem Zollpflichtigen frei, die Teile von einander zu trennen und besonders zu verzollen. Kann eine solche Zerlegung nicht stattfinden oder wünscht der Zollpflichtige sie nicht, so kann die Verzollung in der oben angegebenen Weise gleichwohl stattfinden, wenn die Zollaufsichtsbehörde annimmt, daß das Gewicht der verschiedenen Teile, soweit deren Verzollung nach dem Gewicht vorgeschrieben ist, mit einer den Umständen nach ausreichenden Genauigkeit abgeschätzt werden kann. Ist keine dieser Bedingungen für die getrennte Verzollung der Teile vorhanden, so wird die Ware als Ganzes nach ihrem Hauptbestandteile behandelt; kann auch dieser von der Zollverwaltung nicht entschieden werden, so wird die Ware mit 15% vom Wert verzollt.

Gegenstände, welche bloß dazu dienen, die einzelnen Bestandteile eines Ganzen zu befestigen oder zu verbinden, wie große Nägel, Haken, Beschläge, Schlösser usw., kommen nicht in Betracht, sondern die Ware wird unter die Tarifnummer subsumiert, unter welche sie ohne diese Nebendinge zu subsumieren wäre. Dieselbe Regel ist hinsichtlich unwesentlicher Verzierungen zu beobachten.

Die hier gegebenen Vorschriften gelten nicht für die unter Baumwolle, Leinen, Seide und Wolle aufgeführten Waren.

§ 7. Wenn Waren nach dem Gewicht zu verzollen sind, so ist darunter das Nettogewicht (das Gewicht der Ware selbst ohne irgend welche Emballage oder Verpackung) zu verstehen, sofern es nicht im Tarif anders bestimmt ist.

Das Nettogewicht ist im allgemeinen derart zu ermitteln, daß die Ware mit der Umschließung, in der sie eingeht, gewogen und davon die Tara abgezogen wird, welche für die Ware an der Stelle, wo sie im Tarif aufgeführt ist, angegeben ist. Ist daselbst eine Tara nicht festgesetzt, so wird diese folgendermaßen berechnet:

für Fässer und Kisten . . . . 12 %
für Flaschen aller Art, Gläser und Kruken
mit oder ohne Umhüllung . . . . 30 %
für metallene Emballagen . . . . 20 %
für Bast, Stroh, Binsen und dergleichen . . . 3 %
für Säcke sowie andere Umschließungen von
Leinwand oder Sackleinwand: einfache . 2 %
doppelte . 3 %

Haben Fässer oder Kisten eine Umhüllung von Leinwand, Matten oder dergleichen Material, so wird der für derartige Verpackungen ohne Umhüllung angesetzten Tara 3 % des Bruttogewichts zugeschlagen und die Summe von dem Bruttogewicht abgezogen. Gehen Waren ein in einer äußeren Verpackung von Fässern oder Kisten über der gewöhnlichen Emballage, für welche die Tara in dem beifolgenden Tarif oder nach den obigen Vorschriften festgesetzt ist, so ist es erlaubt, diese äußere Umschließung vor dem Wiegen zu entfernen. In anderen Fällen darf, wenn die Ware brutto, d. h. mit der Verpackung, gewogen wird, kein Teil der letzteren vom Wiegen ausgeschlossen werden, einerlei, ob für die Verpackung Tara zu berechnen ist oder nicht. Wenn vorgeschrieben ist, daß eine Ware „einschl. unmittelbarer Umhüllung“ verzollt werden soll, so wird ein Abzug im Gewicht nur für die äußere Umschließung gewöhnlicher Art gewährt, in welcher die Ware eingeführt wird, wie Fässer, Kisten oder dergleichen, mit oder ohne Umhüllung.

Nettoverwiegung findet statt:

1. wenn sich weder im beifolgenden Tarif noch in den vorstehenden Bestimmungen eine auf den vorliegenden Fall anwendbare Vorschrift über die Tara findet,
2. wenn die Zollaufsichtsbehörde es für notwendig erachtet, die Verpackung zu entfernen, um die Ware zu untersuchen, oder die Verpackung ihr ungebräuchlich erscheint,

3. wenn der Zollpflichtige mit der im Tarif oder nach den vorhergegebenen Bestimmungen festgesetzten Tara nicht einverstanden ist und im Tarif nicht ausdrücklich bestimmt ist, daß der Zollpflichtige keine Nettoverwiegung verlangen kann. Ist das Nettogewicht gemäß dem Verlangen des Zollpflichtigen ermittelt, so ist es nicht mehr gestattet, die tarifmäßige Tara vom Bruttogewicht abzuziehen. Wenn für die Ware oder die Verpackung eine Tara nicht festgesetzt oder deren Ermittlung nicht möglich ist, weil die Ware sich bei der zollamtlichen Behandlung nicht von der Verpackung trennen läßt, so ist Tara nach dem Handelsgebrauch oder, sofern solcher nicht bekannt ist, nach Ermessen der Zollverwaltung zu gewähren.

Für eine zufällige ungewöhnliche Feuchtigkeit der Ware findet ein Abzug von dem Gewicht oder Maß nicht statt. Sind dagegen die Waren infolge von Seeschaden oder anderen Umständen von Wasser durchdrungen, so wird das Gewicht oder Maß wie für Waren derselben Art im trockenen Zustande veranschlagt.

§ 8. Niederlagegebühren werden für Waren entrichtet, welche in den Lagerhäusern der Zollverwaltung eingestellt sind, wenn sie bei ein und demselben Zollamt über 10 Tage lagern; für seewärts eingeführte Waren von dem Tage an berechnet, an welchem das betreffende Schiff mit Löschen begonnen hat. Für 10 Tage und weniger werden keine Gebühren berechnet. Für jeden Tag mehr, den die Waren im Zollamt lagern, sind 30 Öre für jeden Kubikmeter Ware einschließlich der Verpackung zu zahlen. Die geringste Abgabe für Waren, welche auf einmal aus dem Lager genommen werden, beträgt 40 Öre.

§ 9. Last- und Leuchtturmgebühren sind in Höhe von 80 Öre pro to zu entrichten von Schiffen, welche Waren in das Reich einführen, und in Höhe von 50 Öre pro to von Schiffen, welche Waren aus dem Reich ausführen, jedoch mit der Maßgabe, daß:

A. keine Abgabe berechnet wird für Schiffe, welche auf Fischerei oder Fang aus dem Reiche ausfahren; wenn sie jedoch Waren nach einem fremden Land ausführen, so wird die Abgabe sowohl beim Auslaufen wie beim Einlaufen erhoben. Werden bei der Rückkehr Waren mitgebracht, welche im Auslande eingenommen sind, so wird die Abgabe nach den allgemeinen Vorschriften für ankommende Schiffe berechnet. Doch wird diese Abgabe nicht berechnet für Fische, Salz oder Fässer, welche von solchen Fahrzeugen aus Island, den Färöer oder Shetlands-Inseln eingeführt werden.

   Militärkrankenschiffe sollen in Kriegszeit von der Entrichtung dieser Abgabe befreit sein.

B. die Abgabe nur in Höhe von 40 Öre pro to erhoben wird von Schiffen, welche in Hammerfest, Vardö, Vadtö ankommen oder von dort abgehen.

Bei der Berechnung der Abgabe ist ferner zu beachten:

a) Dieselbe wird von so viel Tonnen berechnet, als eingeladen oder gelöscht werden, doch niemals für mehr, als der Schiffsmeßbrief aufweist. Beträgt die bei einem und demselben Zollamt eingenommene oder gelöschte Ladung weniger als eine Tonne, so ist keine Last- oder Leuchtturmgebühr zu entrichten. Die erforderlichen Vorschriften über die Veranschlagung der Waren nach Tonnenzahl werden vom Könige erlassen.

   Von Hummer- oder Fisch-Fahrzeugen, welche Hummern oder lebende Fische aus- oder einführen, wird die Abgabe von der halben Nettotragfähigkeit berechnet ohne Rücksicht auf die Menge der Hummern oder Fische, welche das Schiff geladen hat.

b) Wenn ein Fahrzeug auf einer und derselben Reise bei der Abfahrt wieder die Waren mitnimmt, welche es eingeführt und auf Transitlager gelagert hatte, so wird weder beim Einlaufen noch beim Auslaufen für diese Waren Last- und Leuchtturmgebühr berechnet. In derselben Weise wird auch verfahren, wenn solche Waren mit einem anderen Schiffe wieder ausgeführt werden, falls das Schiff, womit sie eingeführt worden sind, so beschädigt ist, daß es die Reise nicht fortsetzen kann. Dasselbe gilt, wenn ein Fahrzeug in Nothafen einläuft, beim Verkauf havarierter Waren, wenn dieser auf Anordnung der zuständigen Behörden geschieht.

c) Bei Berechnung der Last- und Leuchtturmgebühren wird zum beladenen Teil der Tragfähigkeit eines Schiffes der Raum nicht mitgerechnet, in welchem sich befindet:

1. bei der Ausfuhr: Heu, Stroh, gespaltenes und anderes Brennholz, Sägemehl und anderer Abfall aus Sägemühlen, Eis, Mauersteine, Dachziegel und Steine, gleichviel, ob behauen oder nicht, vermalen oder nicht, metallische Bestandteile enthaltend oder nicht, jedoch nicht einbegriffen Apatit.
2. bei der Einfuhr: Heu, Stroh, Gips, Dünger und Sand, sowie Umschließungen, in welchen Waren aus dem Lande ausgeführt worden sind.
3. Gepäck, welches mitfahrenden Reisenden gehört, Schiffsproviant und andere an Bord des Schiffes befindliche Gebrauchsgegenstände für die betreffende Reise, wie Steinkohlen in Dampfschiffen oder Gerätschaften für den Fischfang.
4. Waren, welche auf demselben Fahrzeug und auf derselben Tour eingeführt werden, auf welchen sie ausgeführt sind.

§ 11. Wenn ausländische Waren, von denen infolge besonderer Bestimmungen bei einzelnen Zollstellen entweder gar kein oder ein geringerer Einfuhrzoll als der gewöhnliche erlegt worden ist, nach anderen inländischen Plätzen geführt werden, so soll der Einfuhrzoll bezw. die Differenz zwischen dem am Abgangsorte erlegten und dem am Löschplatze geltenden Einfuhrzoll entrichtet werden.

Wird ein Produkt, das an einem inländischen Platze erzeugt ist aus einem ausländischen Stoffe, welcher dort entweder zollfrei oder zu einem geringeren Zollsatz als dem allgemeinen eingeht, nach einem anderen inländischen Orte geführt, wo der zur Verarbeitung verwendete Stoff entweder nicht zollfrei ist, oder einen höheren Zollsatz zu entrichten hat, so soll das Produkt am Löschplatze den daselbst für den Stoff, woraus es erzeugt worden ist, geltenden Einfuhrzoll entrichten, jedoch unter Abzug des Zolls, welcher am Abgangsorte von dem Stoffe bereits entrichtet worden ist.

Eine Ausnahme von dieser Regel macht jedoch das Getreide, welches aus Plätzen im Amt Finmarken von Fischern in ihren zur Fischerei gebrauchten Booten heimgebracht wird.

§ 12. Unter den vom Zolldepartement festzusetzenden näheren Bedingungen ist der Einfuhrzoll von Warenproben zurückzuzahlen, welche in unverändertem Zustande wieder nach dem Auslande ausgeführt werden, wenn bei der Einfuhr ein entsprechender Vorbehalt gemacht worden ist. Gleichermaßen kann das Zolldepartement Rückvergütung des Einfuhrzolles bewilligen für verzollte Rohmaterialien und andere Stoffe, welche in verarbeitetem Zustande ins Ausland oder zum Verbrauch auf Schiffen wieder ausgeführt werden, ferner für verzollte Hilfsstoffe, welche für Fabrikate verwendet sind, die wieder ins Ausland oder zum Verbrauch auf Schiffen ausgeführt werden, und endlich je nach den Umständen für andere verzollte Waren, wenn diese in unverändertem Zustande wieder ausgeführt werden.

Beim Bau von Schiffen auf inländischen Werften wird für Fahrzeuge von über 50 Brutto-Reg.-Tons eine Zollrückvergütung nach folgender Skala bewilligt:

a) für Dampfschiffe aus Eisen oder Stahl in Höhe von 2 Kr. pro Br.-Reg.-to;

b) für Dampfschiffe aus Holz und Segelschiffe aus Eisen oder Stahl in Höhe von 1,50 Kr. pro Br.-Reg.-to;

c) für Segelschiffe aus Holz in Höhe von 1 Kr. pro Br.-Reg.-to.

Last- und Leuchtturmgebühren werden zurückbezahlt, wenn die ausgeführten Waren in demselben Schiffe auf derselben Fahrt zurückgebracht und hier im Reiche wieder gelandet werden. Wenn nur ein Teil der Ladung in dieser Weise zurückgebracht wird, so bestimmt das Zolldepartement, ob und gegebenenfalls in welchem Betrage solche Zurückzahlung stattfinden soll.

Tarif für Einfuhrzölle und Tara.

Vorbemerkung. Soweit nicht ein anderer Maßstab ausdrücklich angegeben ist, was gleichzeitig durch andere Zifferntypen hervorgehoben wird, sind die Zollsätze pro 1 kg, die Einfuhrziffern in dz = 100 kg berechnet. Die für den neuen Tarif in Aussicht genommenen Abänderungen der Zollsätze und, soweit sie wichtig erschienen, auch des Tariftextes sind durch Fettdruck hervorgehoben.

Warengruppe	Zollsätze in Kronen für 1 kg			Norweg. Gesamteinfuhr in dz 1903
	Geltend. Minimaltarif	Neuer Minimaltarif	Neuer Maximaltarif	
Ammoniak **und dessen Salze**	frei	frei	**0,05**	3176
Schießbedarf und Sprengstoffe:				
1. Schießpulver und andere Sprengstoffe, darunter Nitroglycerin und Dynamit	0,10	0,10	0,12	887
4.*) Geladene Patronen und Vorladungen	0,10	0,10	0,12	160
5. Patronenhülsen und vorgearbeitete Patronenhülsen sowie Mantelkapseln zu Geschosse	frei	frei	frei	1659
6. Geschosse für Kanonen und anderes grobes Geschütz	frei	frei	frei	1681
7. Schrot und Kugeln für Handfeuerwaffen, einschl. der unmittelbaren Umschließung	0,08	0,08	0,10	667
8. Mantelgeschosse **für Handfeuerwaffen**	0,15	0,15	0,18	1
9. Zündhütchen aller Art	frei	frei	frei	185

*) Die von der Tarifkommission eingesetzten Nummern 2 und 3 sind ausgefallen.

Warengruppe	Zollsätze in Kronen pro kg			Norweg. Gesamt-einfuhr in dz 1903
	Geltend. Minimal-tarif	Neuer Minimal-tarif	Neuer Maxi-maltarif	
10. Lunten	0,20	0,20	0,20	187
11. Feuerwerkkörper	1,00	1,00	1,50	54.
Abrechnung im Gewicht erfolgt nicht bei Nr. 11 für Schachteln, Papier u. ä. Umschließungen.				
Apothekerwaren, d. h. alle diejenigen Waren, welche zum Einzelverkauf der Apotheker gehören, soweit sie im Tarif nicht anderweitig zur Verzollung aufgeführt sind:				
a) alkoholhaltige, wie Branntwein.				
b) andere	frei	frei	frei	*413.411 Kr.*
Asche von Holz oder anderen Pflanzenstoffen	frei	frei	frei	2
Boote:				
a) Lustboote und Lustfahrzeuge, mit oder ohne Inventarium, darunter Ruder-Rennboote mit Dollen und Auslegern	*15%*	*15%*	*15%*	*15533 Kr.*
b) Andere Boote, mit Inventar	frei	frei	frei	*12.420 Kr.*
Rinde und Rindenextrakt aller Art, für Gerbereien, einschl. Birkenrinde	frei	frei	frei	21.101
Bast, Kokos- **u. a. Pflanzenfasern**	frei	frei	frei	*6627 Kr.*
Waren daraus:				
a) Hüte, siehe diese.				
b) **Körbe, siehe diese.**				
c) Matten zu Verpackungszwecken, sowie Garn	frei	frei	**0,05**	3335
d) Seile	0,05	**0,07**	**0,10**	175
e) Andere Waren	0,15	0,15	0,20	508
Knochen, sowie Elefanten-, Walroß- oder ähnliche Zähne:				

Warengruppe	Zollsätze in Kronen pro kg Geltend. Minimal-tarif	Neuer Minimal-tarif	Neuer Maxi-maltarif	Norweg. Gesamt-einfuhr in dz 1903
a) unbearbeitete, auch zermalmte oder gemahlene	frei	frei	frei	9717
b) Waren daraus:				
Knöpfe, siehe diese.				
Andere Waren, einschl. unmittelbarer Umschließung	1,00	**1,20**	**1,50**	13
Beinschwarz, gebranntes Elfenbein und Hirschhorn	frei	frei	frei	0,1
Bleichpulver **(Chlorkalk)**	frei	frei	0,02	3584
Blumen, frische, abgeschnittene, sowie getrocknete und andere getrocknete Ziergewächse, sofern sie nicht unter Apothekerwaren fallen	3,00	3,00	4,00	42
—, anderes abgeschnittenes Laub, ungefärbt u. gefärbt, einschl. der unmittelbaren Umschließung	0,10	0,10	0,20	410
— Blumenzwiebeln, einschl. Papierumhüllung, Beutel oder ähnlicher unmittelbarer Umschließung	0,10	0,10	0,20	1208
— künstliche, **sowie Teile solcher,** anderweit nicht genannt,				
a) aus Geweben, Papier, Stroh, Federn, Leder oder dergl.	15,00	15,00	20,00	19
b) Blätter von Papier	1,50	1,50	2,50	8
c) andere, wie Waren aus gleichem Material.				
Graphit (Eisenfarbe, Potloth), siehe Farbstoffe 1.				
Graphittiegel	frei	frei	frei	221
Bleistifte und Bleistifthalter:				

Warengruppe	Zollsätze in Kronen pro kg			Norweg. Gesamteinfuhr in dz 1903
	Geltend. Minimaltarif	Neuer Minimal. tarif	Neuer Maximaltarif	
a) von Gold, Silber oder Platina, wie Waren aus diesen Materialien.				
b) andere, einschl. Kartons, Schachteln, Etuis und ähnlicher unmittelbarer Umschließung	0,35	0,35	0,50	151
Tinte, flüssige, einschl. Flaschen, Kruken und ähnlicher unmittelbarer Umschließung	0,15	**0,20**	**0,25**	411
Tintenpulver u. a. Tintensubstanzen, sowie Tusche, feste und flüssige, einschließlich Flaschen, Kruken, Schachteln und ähnlicher unmittelbarer Umschließung	0,80	0,80	1,20	19
Bucheinbände, sowie Rücken und Deckel für solche				
a) aus Papier, wie Papierwaren				
b) aus anderen Stoffen	2,00	**3,00**	**4,00**	bisher unter Etuis
Baumwolle und Baumwollwaren:				
1. Baumwolle	frei	frei	frei	27.491
2. Watte	0,10	0,10	0,15	28
3. Baumwollengarn:				
a) eindrähtiges:				
1. ungebleicht	0,10	0,10	0,15	5733
2. gebleicht	0,12	0,12	0,18	512
3. gefärbt oder bedruckt ...	0,25	0,25	0,30	1122
b) zwei- oder mehrdrähtiges:				
1. ungebleicht	0,10	0,10	0,15	4362
2. gebleicht	0,20	0,20	0,25	835
3. gefärbt oder bedruckt ...	0,30	0,30	0,40	1014
Tara für Nr. 3 a und b: Auf Rollen oder Spindeln von Holz oder Metall 50%.				

Warengruppe	Zollsätze in Kronen pro kg			Norweg. Gesamteinfuhr in dz 1903
	Geltend. Minimaltarif	Neuer Minimaltarif	Neuer Maximaltarif	
Für Einlagen von Papier wird **kein Zoll** berechnet.				
Anmerkung: Schnüre, welche wie Seilerarbeiten angefertigt sind, werden wie Garn verzollt.				
4. Preßtuch zum technischen Gebrauch, Filze f. Papiermaschinen	frei	frei	0,20	162
5. Segeltuch u. a. ungefärbtes, ungebleichtes Zeug, im Gewicht von 180 g oder mehr pro 1/4 qm	0,10	0,10	0,15	1084
6. Fischnetze (Garn oder Netz)	0,12	0,12	0,18	639
7. Zeuge im Gewicht von 100 g oder mehr pro 1/4 qm, gebleicht, bedruckt, gefärbt oder von gefärbtem Garn gewebt . .	0,40	**0,50**	**0,65**	562
8. Bänder (breite u. schmale), gewöhnliche, nicht zu Posamentierwaren gehörig, sowie Bänder und Zeuge mit eingewebtem Kautschuk, Guttapercha oder dergleichen, sowie Gürtel daraus	1,10	**1,30**	**2,00**	—
Bänder und Schnüre aller Art, sowie Gürtel werden einschließlich Einlagen, Schachteln, Papierumschlägen und unmittelbarer Umschließung verzollt.				
9. Drell und Damast, desgleichen Tücher, soweit solche nicht unter eine höher verzollte Klasse subsumiert werden können, einschließlich unmittelbarer Umschließung	0,70	**0,80**	**1,10**	461

Warengruppe	Zollsätze in Kronen pro kg			Norweg. Gesamteinfuhr in dz 1903
	Geltend. Minimaltarif	Neuer Minimaltarif	Neuer Maximaltarif	
10. Sammetartige Stoffe, darunter Plüsch	1,25	1,25	1,50	271
11. Trikotagen:				
a) Handschuhe, auch Fausthandschuhe, s. Handschuhe.				
b) Wirkwaren, — sowohl gestrickte, gehäkelte u. filierte wie gewebte, gefärbt und ungefärbt —, sowie fertige Kleidungsstücke aus Trikot, wenn sie auch mit Knöpfen, Binden (Prisen), Borten, Bändern u. dergl. aus einem höher als die Kleidungsstücke selbst verzollten Stoffe versehen sind	1,10	**1,20**	1,75	267
c) Wirkwaren mit Besatz von Seide, Blonden, Spitzen und dergleichen oder mit seidenem Futter	2,25	2,25	3,00	4
12. Posamentierwaren, siehe diese.				
13. Blonden, Spitzen	4,00	**6,00**	**8,00**	47
14. Waren, welche nach Bestimmung des Zolldepartements unter „curtain nets“ (Filetgardinen) gehören	2,00	2,00	**3,00**	169
15. Bobbinet u. Tüll, sowie andere durchsichtige oder durchbrochene Stoffe, wenn diese entweder gestickt oder mit Mustern, Figuren, Streifen oder Karos				

Warengruppe	Zollsätze in Kronen pro kg Geltend. Minimaltarif	Neuer Minimaltarif	Neuer Maximaltarif	Norweg. Gesamteinfuhr in dz 1903
gewebt sind (hierunter nicht Stickereien auf Kanevas)	1,10	1,10	**3,00**	194
Anmerkung: Als durchsichtig oder durchbrochen werden Stoffe angesehen, wenn zwischen den einzelnen Fäden (mit Ausnahme der Stickerei oder der eingewebten dichten Figuren, Streifen oder dergleichen) ein Zwischenraum von mindestens der Stärke eines Fadens unterschieden werden kann, oder, falls dies nicht zu entscheiden ist, 1/4 qm nicht mehr als 20 g wiegt.				
16. Andere Baumwollwaren:				
a) bedruckte	1,10	1,10	**1,45**	2306
b) mehrfarbige, aber nicht bedruckte	0,65	**0,70**	**1,00**	2904
c) ganz einfarbige oder gebleichte:				
1. Buchbinderleinwand (Buchbindercloth)	frei	frei	frei	126
2. Wäsche: siehe Kleidungsstücke.				
3. andere	0,40	**0,45**	**0,75**	11358
d) ungebleichte	0,20	**0,25**	**0,35**	4357
Anmerkung 1. Als „ganz einfarbig oder gebleicht“ werden Etiketten-Leinen u. a. anderweit nicht benannte einfarbige Zeuge verzollt, selbst wenn die Farbe auf dem Zeug durch Druck oder als Zusatz zum Leim oder Kleister, womit die Ware durchsetzt ist, angebracht sein sollte.				
Anmerkung 2. Waren aus Baumwolle in Verbindung mit Flachs oder mit Spinnstoffen, die wie Flachs behandelt werden, sind wie Baumwoll-				

Warengruppe	Zollsätze in Kronen pro kg			Norweg. Gesamteinfuhr in dz 1903
	Geltend. Minimaltarif	Neuer Minimaltarif	Neuer Maximaltarif	
waren zu verzollen. Waren aus Baumwolle in Verbindung mit Wolle, wie Wollwaren; Waren aus Baumwolle in Verbindung mit Seide, wie Seidenwaren. — Baumwollne Stickereien auf Kanevas oder anderen Stoffen aus Baumwolle, welche nicht als durchsichtige oder durchbrochene Waren zu behandeln sind, werden wie der Stoff verzollt, auf welchem sie angebracht sind.				
Anmerkung 3. Zeuge aus Baumwolle, genäht oder mit anderer Ausstattung versehen, werden als Kleider verzollt, **mit Ausnahme von Wirkwaren.**				
Feuerspritzen **u. Spritzenschläuche wie Maschinen und Apparate** .	frei			
Brillen und *Lorgnetten,* mit oder ohne Glas:				
a) in Gold, Platina und Silber, wie das verarbeitete Material.				
b) in anderer Einfassung, mit oder ohne Futterale, einschl. unmittelbarer Umschließung	2,50	2,50	3,50	15
c) nicht eingefaßt, siehe Glaswaren.				
Branntwein aller Art:				
1. in Flaschen oder Kruken, sowie in anderen Behältern von weniger als 50 l Inhalt, ohne Rücksicht auf den Stärkegrad	pro l *2,40*	*2,40*	*3,00*	*355 hl*
2. in anderer Umschließung, auf 100 % Alkoholgehalt berechnet	*2,54*	*3,54*	*3,00*	12.299 (davon ausgeführt: 164)
Die Stärke wird mit Hilfe des jeweilig autorisierten Alkoholometers und der vom				

Warengruppe	Zollsätze in Kronen pro kg			Norweg. Gesamteinfuhr in dz 1903
	Geltend. Minimaltarif	Neuer Minimaltarif	Neuer Maximaltarif	
Aichamt herausgegebenen Schrift „Über das Alkoholometer" ermittelt. Die Menge wird durch Verwiegen und Umrechnen des Gewichts in Hohlmaß nach ebenderselben Schrift festgestellt.				
Ist die Ware mit Zucker oder anderen Stoffen gemischt, wodurch die Stärke auf dem Alkoholometer unrichtig angegeben wird, so wird ein Zoll von 3,15 Kr. pro kg erhoben.				
Tara: Fässer 15 %.				
3. Äther oder Naphtha	4,50	4,50	**5,60**	10
Tara: Emballage aus Metall 10 %.				
4. Essigäther	1,65	1,65	2,00	2
5. Aether spirituosus und andere alkoholhaltige Äther, sowie anderweit nicht ausdrücklich genannte reine und zusammengesetzte Ätherarten	3,15	3,15	3,50	57
6. Parfümerien, darunter aromatischer Weinessig, einschließlich unmittelbarer Umschließung ..	2,95	2,95	**3,65**	47
7. Spiritusfirnisse und Politur ...	2,95	2,95	**3,65**	45
Tara: Emballage von Metall 8 %.				
Anmerkung 1. Werden alkoholhaltige Mischungen unter anderen tarifmäßigen Benennungen eingeführt, so kann das Zolldepartement bestimmen, daß die Ware gleichwohl als Branntwein behandelt werden soll.				
Anmerkung 2. Wird Branntwein, einschließlich der unter Nr. 3, 4 und 5 genannten Ätherarten sowie Spiritusfirnis durch Zusatz unbrauchbar für die Verwendung zu Getränken gemacht, oder				

Warengruppe	Zollsätze in Kronen pro kg			Norweg. Gesamt-einfuhr in dz 1903
	Geltend. Minimal-tarif	Neuer Minimal-tarif	Neuer Maxi-maltarif	
wird auf eine andere Weise hinreichend festgestellt, daß die Nichtanwendbarkeit zu Trinkzwecken garantiert ist, so kann das Zolldepartement die Einfuhr zu einem niedrigeren Zollsatze erlauben, nämlich:				
a) Spiritus .... pro l	*0,10*	*0,10*	0,10	33
b) Äther u. Spiritusfirnis ..... pro kg	0,15	0,15	0,15	328
Brotwaren:				
1. von Weizen oder einer Mischung von Weizen mit anderen Kornarten (darunter geriebenes Backwerk, sogenanntes Grilliermehl, sowie Haferkakes) einschl. unmittelbarer Umschließung ..	0,20	0,20	0,30	1156
2. von Roggen oder anderen Getreidearten, sowie Hundekuchen	0,05	0,05	0,10	331
Hosenträger	1,75	1,75	2,25	18
Kindermehl (farine lactée) nach Nestlés Patent	frei	frei	**0,60**	67
Bürstenbinderwaren und Besen:				
1. aus Binsen, Reisig oder anderen Pflanzenfasern, sowie Metallbürsten für Kessel und Maschinen	0,15	0,15	0,20	521
2. Federbesen	1,00	1,00	1,20	4
3. aus Schweineborsten od. anderen Haaren, sowie aus Metalldraht:				
a) **mit Einfassung aus unpoliertem oder unlackiertem Holz oder Eisen**	0,50	0,50	0,70	144
b) **mit anderer Einfassung** .	1,20	1,20	1,50	29
Bei Nr. 1, 2 und 3 wird kein Abzug für Schachteln, Papierumschläge und Kartons bewilligt.				

Warengruppe	Zollsätze in Kronen pro kg			Norweg. Gesamteinfuhr in dz 1903
	Geltend. Minimaltarif	Neuer Minimaltarif	Neuer Maximaltarif	
Kakao:				
Bohnen und Schalen	0,05	0,05	0,05	4398
Mehl (Pulver), Kakaomasse in Tafeln, Blöcken oder dergl., Schokolade; alles einschl. unmittelbarer Umschließung	0,40	**0,45**	**0,55**	904
Calciumkarbid und Silisiumkarbid ..	frei	frei	frei	*600 Kr.*
Celluloid:				
a) unbearbeitet, in rohen, ungeschliffenen oder unpolierten Platten, Röhren u. dergl.	frei	frei	frei	1,5
b) Waren daraus:				
Kleidungsstücke	1,00	1,00	1,50	4
Knöpfe, siehe diese.				
andere Gegenstände, nicht anderweitig aufgeführt, einschließlich unmittelbarer Umschließung	1,00	**1,20**	**1,50**	81
Dividivi	frei	frei	frei	1420
Werg	0,03	0,03	0,05	565
Tiere und Eßwaren tierischer Herkunft:				
I. Lebende Tiere:		pro Stück		
a) Pferde über 1/2 Jahr alt...	*50,00*	*50,00*	*80,00*	*209 Stück*
b) Pferde v. 1/2 Jahr u. darunter	frei	frei	***25,—***	*25* „
c) Hornvieh im Lebendgewicht v.		pro kg		
mehr als 240 kg	0,05	0,05	0,06	30634 „
		pro Stück		
150—240 kg	*12,00*	*12,00*	*18,00*	*2289* „
unter 150 kg	*7,50*	*7,50*	*9,00*	*437* „

Warengruppe	Zollsätze in Kronen pro Stück			Norweg. Gesamteinfuhr in dz 1903
	Geltend. Minimaltarif	Neuer Minimaltarif	Neuer Maximaltarif	
Anmerkung: Das Gewicht des Hornviehs kann durch Messen und Berechnen nach einem vom Finanz- und Zolldepartement festgesetzten Verfahren bestimmt werden.				
d) Schafe und Lämmer	*2,00*	*2,00*	*2,50*	*2036 Stück*
		pro kg		
e) Schweine und Ferkel	0,10	0,10	0,12	*15* ,,
		pro Stück		
jedoch Mindestzoll	*3,00*	*3,00*	*3,60*	
f) Truthühner **und Fasanen** .	*1,00*	*1,00*	*1,20*	*1* ,,
g) Gänse	*0,80*	*0,80*	*1,00*	*85* ,,
h) Enten	*0,60*	*0,60*	*0,70*	*79* ,,
i) Hühner	*0,30*	*0,30*	*0,35*	*588* ,,
k) andere Tiere	frei	frei	frei	*18611 Kr.*
II. Eßwaren:				
A. hermetisch verschlossen, die unmittelbare Umschließung eingerechnet:		pro kg		
1. Sardellen und Anchovis ...	0,40	0,40	0,50	70
2. Corned beef sowie frisches Fleisch, in hermetisch verschlossenen oder luftdichten Büchsen	0,20	0,20	0,25	454
3. andere	0,40	0,40	0,50	399
B. andere Eßwaren:				
1. **Austern einschl. Umschließung**	—	**0,20**	**0,20**	
2. Fische, eingemacht, gewürzt oder in Öl gelegt; geräuchert, sowie Kaviar und eingelegter Fischrogen	0,40	**0,50**	**0,65**	20

Warengruppe	Zollsätze in Kronen pro kg			Norweg. Gesamteinfuhr in dz 1903
	Geltend. Minimaltarif	Neuer Minimaltarif	Neuer Maximaltarif	
3. andere Fische	frei	frei	frei	frische: *479026 Kr.* andere: 117 538 kg davon ausgeführt: 88823
4. Pasteten und eingekochte Fleischbrühe (Bouillon), Fleischextrakt, Fleischpulver, Fleischpepton und andere Präparate von Fleisch mit oder ohne Zusätze, soweit sie nicht anderweit besonders genannt sind, einschl. unmittelbarer Umschließung . .	0,40	**0,50**	**0,65**	186
5. Würste und Zungen (Rollwürste einbegriffen)	0,30	0,30	0,40	383
6. Fleisch und Speck aller Art:				
a) von Renntier, **Waldvögeln** u. Schneehuhn . .	frei	frei	frei	1861
b) anderes				
α) geräuchert	0,30	0,30	0,35	104
β) ungeräuch., Schinken	0,20	0,20	0,25	499
γ) sonstiges	0,10			
α) **Fleisch, darunter Därme**		0,10	0,12	55856
β) **Speck**		0,10	0,12	42768 davon ausgeführt: 17728
Zollkreditlager 500 kg.				
Tara für Fleisch in Kisten 20%.				
7. **Milch und Sahne:**				
a) **frisch**	—	**0,01**	**0,01**	450
b) **kondensiert oder sterilisiert**	—	**0,12**	**0,15**	—

Warengruppe	Zollsätze in Kronen pro kg Geltend. Minimaltarif	Neuer Minimaltarif	Neuer Maximaltarif	Norweg. Gesamteinfuhr in dz 1903
c) **Milchpulver (Milchmehl, nutrium)**	—	**0,10**	**0,13**	
Für b u. c das Gewicht der unmittelbaren Umschließung eingerechnet.				
C. geschlachtetes Federvieh ...	0,25	**0,30**	**0,40**	319
Essig und Essigsäure:				
1. in Fässern	0,05*) 0,10	0,10	0,20	1186
Tara: Fässer 16%.				
2. in anderer Verpackung, wie Flaschen, Krüge, Glasballons und Metallbehälter		pro l		
	0,20	*0,20*	*0,40*	*3213 l*
		pro kg		
Eicheln, ungebrannte	0,05	0,05	0,05	10
***Elektrische* Apparate und Leitungen**				
a) Dynamos, Motoren u. Transformatoren, Schaltapparate, Widerstände, Sicherungen, **Glühlampenfassungen mit oder ohne Hahn,** siehe Maschinen.				
b) Elektrizitätsmesser, Voltmesser, Ampèremeter, Wattmeter, Galvanometer u. Isolationsmesser, siehe Instrumente II a.				
c) **Akkumulatoren und Teile solcher, darunter Gefäße** ..	frei	frei	frei	1083
d) **Galvanische Elemente u. Teile solcher, darunter Gefäße** ..	*15%*	**0,10**	**0,15**	113
e) Kabel und Drähte:				
1. **mit Gummi, Guttapercha oder anderer Isolier-**				

*) Bis zu 10% Essigsäuregehalt.

Warengruppe	Zollsätze in Kronen pro kg			Norweg. Gesamteinfuhr in dz 1903
	Geltend. Minimaltarif	Neuer Minimaltarif	Neuer Maximaltarif	
masse überzogen, mit Blei umpreßt, mit Eisenband, Eisendraht oder dergl. umwickelt	frei	frei	frei	6150 (1.–3.)
2. **ausschließlich mit Seide, Baumwolle, Wolle oder anderem Garn übersponnen**	frei	**0,50**	**0,65**	
3. **andere, darunter nichtisolierte**	frei	**frei**	**frei**	
f) Glühlampen	1,50	1,50	2,80	64
g) **Isolatoren aller Art für Telegraphen und Telephone**	frei	frei	**0,09**	—
h) **Kohlenstifte für Bogenlampen u. Kohlenelektroden**	*15%*	**frei**	**frei**	281
i) **andere, darunter Telephon- und Telegraphen-Apparate, Zentraltische, sowie Teile solcher**	0,70 0,35	**0,70**	**1,00**	77
Etuis und Kästen sowie andere Portefeuille- oder Etuiarbeiten für Instrumente, Toiletten-, Barbier-, Näh- oder Schreibzeuge und dergleichen, mit oder ohne Einlage; Taschen-, Zeichen- oder **Notizbücher**, Mappen, Albums und Portemonnaies; alles einschl. unmittelbarer Umschließung:				
a) von Papier	0,70	0,70	1,00	220
b) **von Leinwand u. dergl. (auch mit Seidenfutter)**	2,00	2,00	2,50	247 (b, c)
c) **von Leder oder Seide**	2,00	**3,50**	**4,50**	

Warengruppe	Zollsätze in Kronen pro kg			Norweg. Gesamteinfuhr in dz 1903
	Geltend. Minimaltarif	Neuer Minimaltarif	Neuer Maximaltarif	
Farbstoffe, Farben, trocken und streichfertig:				
1. Gemahlene Kreide, Baryt, Porzellanerde (china clay), Talkum, Ocker, Umbra, Terra di Siena, Englischrot (Braunrot, auch Venetianischrot) und rote Erde (Bolus), Totenkopf, Mennige, Beinschwarz, Ruß, Potlod (Eisenschwärze), und alle anderen schwarzen Farben, sowie zum Färben verwendbare Chemikalien, Kräuter, Wurzeln und andere Pflanzenteile, welche nicht anderweitig aufgeführt sind, insbesondere andere in der Färberei gebräuchliche Farbstoffe, hierunter Indigo, Cochenille, Catechu und Gambir	frei	frei	frei	61968
2. Anilin- und Alizarin-Farben . .	frei	frei	**0,70**	1368
3. **Farbhölzer, sowohl geraspelt wie ungeraspelt**	—	**frei**	**0,015**	} 31.325
4. **Farbholzextrakte**	—	**frei**	**0,07**	
5. **Farbenmischungen in Päckchen od. Schachteln (Packetfarben) zum Hausgebrauch, einschl. unmittelbarer Umschließung**	—	**0,08**	**0,11**	bisher unter Nr. 1
6. Bleiweiß, Zinkweiß und alle anderen nicht anderweit aufgeführten trockenen Farben . . .	0,07	**0,08**	**0,11**	13226

Warengruppe	Zollsätze in Kronen pro kg			Norweg. Gesamt-einfuhr in dz 1903
	Geltend. Minimal-tarif	Neuer Minimal-tarif	Neuer Maxi-maltarif	
Zollkreditlager 1800 kg.				
Tara: Fässer 10%; Emballage von Metall 8%.				
7. Malerfarben, in Öl angerieben, **anderweit nicht genannt**...	0,07	**0,08**	**0,11**	925
Tara: Fässer 12%; Emballage von Metall 8%.				
8. **Malerfarben, in Firnis angerieben,** siehe Firnisse.				
9. **Andere nicht aufgeführte nasse Farben**.............	—	**0,05**	**0,07**	
10. Kreide, weiße oder rote, unbearbeitet................	frei	frei	frei	193
11. —, Zeichen-, Schreib-, Pastell-Kreide und Kreidestifte......	0,30	0,30	0,35	82
Fette und Talgarten:				
1. Stearinsäure, Palmitinsäure, sowie andere leicht schmelzbare Fettsäuren zur Herstellung von Kerzen; desgleichen Paraffin und Walrat..............	frei	frei	frei	3784
2. Talg, Oleomargarin, und andere nicht besonders im Tarif genannte Fettarten...........	0,04	0,04	0,06	94599
Tara: Fässer 18%.				
3. Lichte aus vorgenannten Fett- und Talgarten.............	0,13	0,13	**0,30**	1652
4. Schmalz und Flomen	0,10	0,10	**0,13**	32041
Tara: Fässer 18%.				
Fettlaugen, Tranlaugen und Degras	frei	frei	**0,04**	10580
Firnisse, Trockenöle und Politur:				
1. alkoholhaltige, s. Branntwein.				

Warengruppe	Zollsätze in Kronen pro kg			Norweg. Gesamteinfuhr in dz 1903
	Geltend. Minimaltarif	Neuer Minimaltarif	Neuer Maximaltarif	
2. andere	0,15	0,15	0,20	1327
Tara: Emballage von Metall 8%.				
Federn und Daunen:				
1. in Betten, siehe Matratzen.				
2. Bettfedern, Posen und Daunen.	0,25	0,25	**0,35**	1241
Tara: In Leinwandemballage 9%.				
3. Schmuckfedern und Waren daraus, nicht anderweit aufgeführt	25,00	25,00	30,00	6,9
Viehfutter-Stoffe, wie Melasse mit Beimischungen verschiedener Art, **vermahlene Kaffeehülsen,** Leinkuchen, Ölkuchen und Ölmehl, **Gluten und Glutenfutter (Kleber), Malzkeime, Malz und Malzabfall (destillers grain),** Träber, Walfischfleischmehl, Kalbsmilch (als Kälberfutter), **phosphorsaurer Futterkalk** u. dergl., **anderweit nicht genannt**	frei	frei	frei	177.671
Früchte (Baumfrüchte) **und Beeren:**				
1. frische:				
a) Orangen aller Art, wie Apfelsinen, Zitronen, Limonen, Pomeranzen	0,02	0,02	**0,20**	49396
Tara: Kisten 22%.				
b) Weintrauben	0,02	0,02	**0,50**	3213
Tara: Fässer und Kisten 33%.				
c) Äpfel und Birnen	0,12	0,12	**0,18**	4280
d) andere Baumfrüchte sowie eßbare Beeren	0,12	**0,15**	**0,20**	972

Warengruppe	Zollsätze in Kronen pro kg: Geltend. Minimaltarif	Neuer Minimaltarif	Neuer Maximaltarif	Norweg. Gesamteinfuhr in dz 1903
2. getrocknete:				
a) Pflaumen, darunter Katharinenpflaumen u. Zwetschgen, sowie Datteln	0,15	0,15	**0,20**	9502
Zollkreditlager 700 kg.				
Tara für Pflaumen, Katharinenpflaumen und Zwetschgen: Fässer und Kisten 10%.				
b) Korinthen	0,15	0,15	**0,20**	893
Tara: Fässer 12%, Kisten 16%.				
c) Feigen und Feigenkäse....	0,05	0,05	**0,30**	2545
Tara: Fässer, Kisten und Trommeln 15%, Körbe oder Matten 6%.				
d) Rosinen	0,08	0,08	**0,20**	13286
Zollkreditlager 1000 kg.				
Tara: Fässer 14%, Kisten 20%, Tontöpfe 30%.				
e) Orangen und Orangenschalen	0,30	0,30	0,30	17
f) Kastanien	0,10	0,10	0,20	40
g) Mandeln und Mandelkleie darunter Aprikosenkerne ...	—	0,05	**0,65**	1639
Tara: Leinwandemballage 4%, Fässer 17%.				
h) Kokosnüsse **u. Kokosmasse (Kopra)**	0,20	0,20	**0,30**	694
i) andere Früchte, nicht anderweit im Tarife aufgeführt..	0,40	0,40	0,50	1871
3. gesalzene oder in Essig eingelegte:				
a) Orangen u. Orangenschalen, in Salzwasser eingelegt....	—	**0,25**	**0,35**	1218
b) Tamarinden, auch wenn kein Essig zugesetzt ist	0,20	0,20	0,25	23

Warengruppe	Zollsätze in Kronen pro kg			Norweg. Gesamteinfuhr in dz 1903
	Geltend. Minimaltarif	Neuer Minimaltarif	Neuer Maximaltarif	
Tara: Fässer und Kisten 16%, Tonkruken 30%.				
c) andere	0,75	0,75	**1,00**	16
Tara: Gläser 30%.				
4. Früchte und Fruchtschalen in Zucker, eingemacht oder in Branntwein **oder auf andere Weise** eingelegt; Eingemachtes, soweit nicht anderwärts aufgeführt; alles einschl. Flaschen, Kruken, Schachteln, Dosen und dergleichen unmittelbare Umschließung	0,75	0,75	**1,00**	299
Sämereien:				
1. Kanariensamen	0,15	0,15	0,20	267
2. Timotheesamen	0,10	**0,15**	**0,20**	2476
3. Kleesamen	0,20	**0,30**	**0,40**	682
4. Gemischter Grassamen wird nach dem Teil der Mischung verzollt, welcher dem höchsten Zollsatz unterliegt.				
5. Baumsamen:				
a) Fichtensamen (pinus silvestris)	1,00	**2,00**	**2,50**	1,85
b) Tannensamen (picea excelsa)	0,50	**1,00**	**1,30**	1
6. anderer Samen, welcher nicht anderweit zur Verzollung angesetzt ist	frei	frei	frei	88964
Zündhölzer und Zündschwamm	0,15	0,15	0,20	165
Abzug für Schachteln und Umhüllung wird nicht gewährt.				
Galläpfel und Knoppern	frei	frei	frei	59

Warengruppe	Zollsätze in Kronen pro kg			Norweg. Gesamt-einfuhr in dz 1903
	Geltend. Minimal-tarif	Neuer Minimal-tarif.	Neuer Maxi-maltarif	
Hefe	0,20	0,20	**0,30**	279
		pro dz		
Dünger aller Art	frei	frei	*0,50*	205792
Anmerkung. Säcke, in denen Dünger eingeführt wird		per Stück		
	0,04	*0,04*	*0,04*	*203626 Stück*
Glas und Glaswaren:				
1. Flaschen (aller Art), ganz ungeschliffen und ohne Bemalung oder Dekorierung:				
a) von grüner oder brauner Masse (hierunter Bierflaschen aller Art)		pro kg		
	0,02	0,02	0,03	3512
b) von anderer Masse	0,06	0,06	0,09	290
2. Milchsatten, Kruken, Ballons, Einmache- und Einlegegläser, ganz ungeschliffen und ohne Bemalung oder andere Dekorierung, sowie gläserne Schwimmer zu Fischnetzen	frei	frei	frei	95
3. Flaschen, Milchsatten u. Kruken, sowie Einmache- und Einlegegläser, mit geschliffenen Kanten oder Böden oder geschliffenen Stöpseln oder inwendig geschliffenen Hälsen, jedoch ohne anderen Schliff und ohne Bemalung oder andere Dekorierung	0,10	0,10	0,15	646
4. Platten oder Scheiben:				
a) belegte (Spiegelglas)	0,30	0,30	0,40	2783
b) unbelegte: geschliffene, gefärbte, vergoldete, gefirnißte, geätzte, matte, gemusterte	0,15	0,15	**0,30**	3267

Warengruppe	Zollsätze in Kronen pro kg			Norweg. Gesamteinfuhr in dz 1903
	Geltend. Minimaltarif	Neuer Minimaltarif	Neuer Maximaltarif	
Tara für 4 a und b: Kisten 25%.				
c) anderes Glas in Platten oder Scheiben, einschl. **photographische Platten**	0,06	0,06	**0,10**	
Tara: Kisten 18%.				
5. Kolben und Retorten sowie Präparatglas zu wissenschaftl. Zwecken, **sowie Patentglas** .	frei	frei	frei	393 (für 5–7 zusammen)
6. Dachpfannen, Bodenfliesen, sowie Glasplatten zum Dachdecken oder Bodenbelag	frei	**0,06**	**0,10**	
7. **Glas in Bleifassung**	—	**0,50**	**0,70**	
8. Optische Gläser mit Einfassung, nicht anderweit aufgeführt, wie Brenngläser, Lupen, Linsen für photographische Apparate, Laterna magica etc.	2,00	2,00	2,50	26
9. Optische Gläser sowie Glasflüsse, ungefaßt; Glasgalle, Emailmasse, Glasschmelz, Glasscherben **und Glaspulver, auch Linsen für Leuchtfeuer**	frei	frei	frei	95
10. Perlen und gefaßte Glasflüsse siehe Perlen.				
11. Andere Glaswaren, nicht besonders aufgeführt; Karaffen und geschliffene Flaschen, sowie Glaswaren mit Umflechtung oder Überzug versehen, die nicht als Emballage angesehen werden können, mit einbegriffen	0,35	0,35	0,50	2022 davon ausgeführt 510

Warengruppe	Zollsätze in Kronen pro kg			Norweg. Gesamteinfuhr in dz 1903
	Geltend. Minimaltarif	Neuer Minimaltarif	Neuer Maximaltarif	
Globen, darunter tellurium lunarium und ähnliche, mit oder ohne Stativ	frei	frei	frei	756 Kr.
Glycerin	frei	frei	**frei**	1026
Glycerin-Dip	frei	frei	frei	15
Gras	frei	frei	frei	18877
Waren daraus:				
a) **Körbe, siehe diese.**				
b) Matten zur Verpackung	frei	frei	frei	0,2
c) Seile	0,05	**0,07**	**0,10**	0,5
d) andere Waren	0,10	**0,15**	**0,20**	0,03
Gemüse:				
1. frisch, einschließlich unmittelbarer Umschließung:				
a) Kopfkohl, Spitzkohl, Kohlrabi, Mohrrüben	0,02	**0,03**	**0,04**	15440
b) Melonen	0,02	0,02	**0,55**	874
c) Spargel und Artischocken	0,40	0,40	0,50	110
d) **Erdnüsse**	—	**frei**	**frei**	
e) Zwiebeln	0,05	0,05	0,06	10327
f) andere	0,10	**0,20**	**0,30**	2498
2. zubereitete, in hermetisch oder auf andere Weise behufs dauerhafter Präservierung verschlossenen Metallbüchsen, Gläsern oder Kruken, einschl. unmittelbarer Umschließung				435
a) die unter Nr. 1 aufgeführten Gewächse, sowie Erbsen und Tomaten	0,40	0,40	0,50	
b) andere	0,25	0,25	**0,33**	

Warengruppe	Zollsätze in Kronen pro kg			Norweg. Gesamteinfuhr in dz 1903
	Geltend. Minimaltarif	Neuer Minimaltarif	Neuer Maximaltarif	
3. andere				
a) Kapern, einschl. unmittelbarer Umschließung	2,00	2,00	2,00	19
b) andere, **getrocknet**	0,05	0,05	**0,35**	429
c) **sonstige**	0,05	**0,15**	**0,20**	
Anmerkung. Eingemachte Gemüse werden wie eingemachte Früchte verzollt.				
Gummen und Harze:				
1. Steinkohlenpech und anderes schwarzes Pech, sowie **Erdpech (Asphalt), unvermischt oder vermischt mit Harz, Sand oder dergl., sowie Waren aus Asphalt**	frei	frei	0,02	8999
2. Terpentin aller Art	frei	frei	frei	40
3. andere:				
a) flüssige oder aufgelöste, wie Firnis.				
b) **Gummi elasticum (Kautschuk), Gummi arabicum, Guttapercha, Balata, Mastix, Kopal, Kolophonium, Schellack und ähnliche Gummi- und Harz-Arten**	frei	frei	frei	19138
4. Waren aus Kautschuk und Guttapercha:				
a) Tafeln, darunter Guttaperchapapier, Schnüre oder Fäden, Röhren, Schläuche, Taue, Blöcke, Puffer und Walzen, auch wenn in diese				

Warengruppe	Zollsätze in Kronen pro kg			Norweg. Gesamteinfuhr in dz 1903
	Geltend. Minimaltarif	Neuer Minimaltarif	Neuer Maximaltarif	
Gegenstände Fäden oder Gewebe eingelegt sind....	frei	frei	**0,40**	647
b) Sohlen, Ringe, Fußdecken, Pferdehufbelag, auch wenn in diese Gegenstände Fäden oder Gewebe eingelegt sind	0,30	0,30	**0,40**	205
c) Galoschen und andere Fußbekleidung	1,00	1,00	**1,30**	1712
d) andere, nicht anderwärts benannte...............	1,00	1,00	**1,30**	147
Abzug vom Gewicht für Schachteln, Kartons oder Papierumschläge findet bei d nicht statt.				
Haare, sowie Waren daraus:				
1. Haare aller Art, anderweit im Tarif nicht genannt, auch Schweineborsten	frei	frei	frei	371
2. Krollhaare, darunter gesponnene Pferde- und Hornviehhaare, auch wenn solche nicht vollständig zubereitet sind	0,15	0,15	0,20	164
3. Garne, in oder ohne Verbindung mit anderen Spinnstoffen, wie Wollengarn.				
4. andere Arbeiten, ausschl. oder zum wesentlichen Teil aus Haar:				
a) von Menschenhaar, darunter Perückenmacherarbeiten ...	5,00	5,00	**5,00**	0,02
b) Fußbodenteppiche u. Pferdedecken von Viehhaaren ...	0,30	**0,40**	**0,50**	33
c) Filz von Viehhaaren, nicht				

Warengruppe	Zollsätze in Kronen pro kg			Norweg. Gesamteinfuhr in dz 1903
	Geltend. Minimaltarif	Neuer Minimaltarif	Neuer Maximaltarif	
gefärbt oder bedruckt, sowie Kesselfilz aller Art.......	frei	frei	frei	953
d) Bürstenbinderarbeiten, siehe diese.				
e) Sieb- und Beuteltuch, sowie Stuhlbezüge v. Pferdehaaren	0,80	0,80	0,80	0,2
f) andere, wie Wollenwaren.				
Handschuhe:				
1. aus reiner Seide...........	12,00	12,00	15,00	0,4
2. aus Halbseide, sowie ganz oder teilweise aus Leder, sowohl genähte wie nur zugeschnittene .	8,00	**10,00**	**13,00**	33
3. **aus Pelzwerk, wie Kürschnerwaren.**				
4. aus Baumwolle, Leinen oder Wolle:				
a) aus grobem Wollentrikot, wie dieses,				
b) mit Stickerei, mit Seide, Blonden, Spitzen und dergl. oder mit seidenem Futter versehen...............	2,25	2,25	3,00	12
c) andere	1,10	**1,50**	**2,00**	92
Es wird kein Abzug vom Gewicht gemacht für Kästen und Papierumschläge bei Nr. 1, 2, 4 b und c.				
Hüte und Mützen:				
I. Hüte, mit Blumen, Federn oder Spitzen garniert............	pro Stück: *4,00*	*4,00*	***5,50***	*736 Stück*
II. Andere Hüte und Mützen, auch Kyser,*) fertig oder unfertig:				

*) Eine Art weit vorstehender Reisehut für Frauen.

Warengruppe	Zollsätze in Kronen pro Stück			Norweg. Gesamteinfuhr in dz 1903
	Geltend. Minimaltarif	Neuer Minimaltarif	Neuer Maximaltarif	
a) von Seide oder Halbseide, Veloursüte und Klapphüte einbegriffen	*1,50*	***1,75***	***2,40***	*Stück* *1073*
b) von anderen Stoffen:				
1. mit Putzbesatz v. Seidenzeug oder von Seidenzeug in Verbindung mit anderen Stoffen	*1,00*	*1,00*	***1,40***	*1118*
Anmerkung: Futter und Einfassung sowie Putz aus höchstens 1½ m Band bestehend, wird nicht zum Putzbesatz gerechnet.				
2. aus Filz aller Art, aus Wollenzeug (Trikotage ausgenommen) sowie ganz oder teilweise mit Pelzwerk versehene (Mützen aus Pennsylvania-, Zobel- und Marderfellen ausgenommen)	*0,50*	***0,60***	***0,90***	*115.828*
3. andere Hüte oder Mützen, welche nicht unter Wirkwaren gehören	*0,20*	***0,25***	*0,40*	*297.429*
III. Hutstoff aus Filz (Filzstumpen)	*1,50*	***2,00***	***2,60***	53
Hutformen, Hutköpfe und Hutkrempen von Steifgaze oder anderem steifem Zeug, mit oder ohne Verbindung mit Draht; sowie dergl. von Span		pro kg		
	0,60	0,60	0,70	7
Honig, darunter **auch Kunsthonig**	0,40	0,40	**0,55**	368
Horn, sowie **Walfisch-Barten und -Knochen:**				
a) unbearbeitet, auch geraspelt oder in Platten	frei	frei	frei	203

Warengruppe	Zollsätze in Kronen pro kg			Norweg. Gesamteinfuhr in dz 1903
	Geltend. Minimaltarif	Neuer Minimaltarif	Neuer Maximaltarif	
b) Waren daraus:				
Knöpfe, siehe diese.				
andere Waren, nicht anderwärts genannt, einschl. unmittelb. Umschließung	1,00	**1,20**	1,50	44
Hopfen	0,50	0,50	**0,70**	1468
Tara: Leinwandemballage 4%, Eisencylinder 28%, andere Metallemballage 20%.				
—, spanischer	frei	frei	frei	28
Ingwer, eingemacht oder kandiert, einschließlich unmittelbarer Umschließung	0,75	0,75	0,90	14
Insektenpulver, sowie andere Insekten und Pilze vertreibende Präparate, soweit sie nicht anderwärts zur Verzollung aufgeführt sind oder nach Bestimmung des Zolldepartements unter einen anderen Tarifsatz fallen sollen	frei	frei	frei	*40.688 Kr.*
Instrumente:				
I. musikalische:				
a) Klaviere:		pro Stück:		*Stück*
1. flügelförmige	*150,–*	***180,–***	***240,–***	*30*
2. tafelförmige oder aufrechtstehende	*90,–*	***120,–***	***160,–***	*410*
b) Guitarren, Violinen, Bratschen, Mandolinen u. Zithern	*1,50*	*1,50*	***2,00***	*5614*
c) Violoncellos und Kontrabässe	*4,00*	*4,00*	***5,20***	*46*
d) Flöten, Oboen, Klarinetten und Fagotts	*1,00*	*1,00*	*1,50*	*576*

Warengruppe	Zollsätze in Kronen pro Stück			Norweg. Gesamteinfuhr in dz 1903
	Geltend. Minimaltarif	Neuer Minimaltarif	Neuer Maximaltarif	
e) Bogen zu musikalischen Instrumenten, mögen sie allein oder zusammen mit einem Instrumente eingeführt werden	*0,25*	*0,25*	*0,30*	*5603 St.*
f) Orgeln	*15 %*	*15 %*	*15 %*	*3540 Kr.*
g) Harmoniums (Zungenorgeln):	50 20	***20* %**	***25* %**	*29.800 „*
		Pro kg		
h) Blasinstrumente von Metall	1,50	1,50	**2,00**	5
i) andere musikalische Instrumente	0,50	0,50	**0,75**	207
k) Teile von musikalischen Instrumenten (Saiten ausgenommen):				
1. Klaviaturen und Mechanismen für Tasteninstrumente	0,25	**0,10**	**0,13**	60
2. andere Teile von musikalischen Instrumenten werden wie das verarbeitete Material verzollt. Ebenso Kasten, Etuis und Schachteln, die zur Aufbewahrung musikalischer Instrumente bestimmt sind.				
II. andere Instrumente:				
a) Technische Meß- u. Kontrollapparate, wie Druckmesser (Manometer), Schnelligkeitsmesser (Tachometer), Indikatoren, Gas-, Wasser-, Elek-				

Warengruppe	Zollsätze in Kronen pro kg			Norweg. Gesamteinfuhr in dz 1903
	Geltend. Minimaltarif	Neuer Minimaltarif	Neuer Maximaltarif	
trizitäts-Messer, Volt-, Ampere-Watt-Galvano-Meter, Isolationsmesser, **Thermometer, Barometer**	*10 %*	*10 %*	*15 %*	*Kr. 108.700*
b) andere nicht besonders aufgeführte Instrumente, wie das dazu verarbeitete Material.				
Erde und Ton, sowie Waren daraus:				
A. Erde und Ton, welche im Tarife nicht besonders aufgeführt sind, darunter Schmirgel (pulverisiert), sowie gebrannter Ton [Chamotte]) u. Elektrodenkohle	frei	frei	frei	169.797
B. Waren aus Erde und Ton, **(von Zement, siehe unter Stein):**				
1. Tiegel, Retorten und Kolben, Röhren zu Wasser-, Heizungs-, Kloaken- u. Entwässerungsanlagen (Drains), Krippen und offene Rinnen	frei	frei	frei	40206
2. Pfeifenköpfe usw. und Kreidepfeifen, siehe Pfeifen.				
3. Öfen, Kamine und Herde aus Erde und Ton aller Art, sowie Teile davon; Gesimse und andere Baumaterialien, soweit dieselben nicht nach No. 4, 5 oder 6 weniger Zoll tragen oder zollfrei sind...	0,05	0,05	0,10	808
Tara für Gesimse in Fässern oder Kisten 20 %.				

Warengruppe	Zollsätze in Kronen pro kg			Norweg. Gesamteinfuhr in dz 1903
	Geltend. Minimaltarif	Neuer Minimaltarif	Neuer Maximaltarif	
4. **Fliesen**				
a) **ganz aus Porzellan oder Fayence**	0,05	0,05	0,10	bisher unter Nr. 3
b) **andere, anderweit nicht genannt**	—	**0,02**	**0,04**	
Tara: Fässer oder Kisten 20%.				
5. Chamottewaren:				
a) Gewöhnliche feuerfeste Steine von mehr als 55 mm Dicke................	pro dz *0,15*	*0,15*	*0,20*	49522
b) gewöhnliche feuerfeste Steine von geringerer Dicke, sowie andere Gegenstände aus feuerfestem Material, soweit sie nicht als ordinäre, unglasierte und unbemalte Töpferwaren anzusehen sind, ..	*0,40*	*0,40*	*0,60*	11085
6. Gewöhnliche Ziegeleierzeugnisse:				*Stück*
a) gewöhnliche Mauersteine .	frei	frei	frei	*65.962*
b) Dachziegel, flach oder gefalzt:	pro 1000 Stück			
unglasiert...........	*7,50*	*7,50*	*9,00*	*200.725*
glasiert.............	*12,00*	*12,00*	*15,00*	*73.026*
c) Dachziegel, gewöhnliche:				
unglasiert...........	*5,00*	*5,00*	*6,00*	*131.432*
glasiert.............	*9,00*	*9,00*	*11,00*	*100.589*
d) Verblendsteine (Fassadensteine), Fliesen und alle				

Warengruppe	Zollsätze in Kronen pro dz			Norweg. Gesamteinfuhr in dz 1903
	Geltend. Minimaltarif	Neuer Minimaltarif	Neuer Maximaltarif	
Arten Profilsteine, sowie Radialsteine:				
unglasiert	*0,50*	*0,50*	***0,75***	4941
glasiert	*0,75*	*0,75*	***1,00***	637
Tara für Fliesen in Kisten und Fässern 20 %.				
e) andere, wie Töpferwaren.				
7. Töpferwaren, gewöhnliche:		Pro kg		
a) unglasiert und unbemalt.	frei	frei	**0,05**	1738
b) andere	0,03	0,03	0,10	1081
Tara: Körbe 25 %, Fässer und Kisten 35 %.				
8. Fayence, anderweit nicht genannt	0,13	0,13	0,16	6355
Tara: Körbe 30 %, Fässer und Kisten 40 %.				
9. Steinzeug (dessen Masse Anzeichen beginnender Schmelzung hat, ohne jedoch durchscheinend zu sein):				
a) feines (mit weißer oder weißlicher Masse), darunter sogen. Eisensteingeschirr und Wedgewood, wie Fayence.				
b) gewöhnliches (dessen Masse nicht weiß oder weißlich ist), wie Töpferwaren.				
10. Porzellan oder Biskuit, anderweit nicht genannt:				814
a) **vergoldet, versilbert od. gefärbt**	0,50	**0,60**	**0,75**	

Warengruppe	Zollsätze in Kronen pro kg			Norweg. Gesamteinfuhr in dz 1903
	Geltend. Minimaltarif	Neuer Minimaltarif	Neuer Maximaltarif	
b) **anderes**	0,50	**0,40**	**0,55**	
Tara: Körbe 30%, Fässer und Kisten 40%.				
11. Terralith, Terrakotta, Chausseestaub, Lüstres und andere Waren, welche sich nicht unter eine der Klassen 1—10 einreihen lassen, wie Fayence.				
12. Schmirgel oder künstliche Schleifstoffe zu gleichem Gebrauch, wie Karborund, Elektrit, **Korund, Diamantin** u. dergl., geformt oder gegossen	0,10	**0,20**	**0,30**	108
Kaffee, roh	0,30	0,30	0,50	126.990 davon ausgeführt 3227
Zollkreditlager 240 kg.				
Tara: Säcke, einfache 1½%, doppelte 2½%, Fässer 8%.				
— Extrakt, einschließlich Flaschen, Kruken und dergl., unmittelbare Umschließungen	0,50	0,50	0,75	5
— gebrannter, und Kaffee-Ersatzmittel aller Art	0,50	0,50	0,75	48
Ungebrannte Kaffee-Ersatzmittel, siehe Wurzeln.				
Kuchen, darunter alle Arten Backwerk, in denen Vanille, Mandeln, Kokos, Sukkade, Honig, Zucker, Syrup oder dergleichen enthalten ist, einschl. unmittelbarer Umschließung	0,35	0,35	0,40	1016
Kampfer	frei	frei	frei	37

Warengruppe	Zollsätze in Kronen pro kg			Norweg. Gesamteinfuhr in dz 1904
	Geltend. Minimaltarif	Neuer Minimaltarif	Neuer Maximaltarif	
Kardenblätter und Kardenbänder . . .	frei	frei	frei	55
Kardendisteln	frei	frei	frei	35
Karden	0,10	0,10	0,12	8
Ferngläser und Mikroskope, sowie photographische Handkameras mit eingesetzten Linsen, mit oder ohne Futteral oder zugehöriges Etui, einschl. unmittelbarer Umschließung	2,00	2,00	2,50	42
Lumpen, alte, (Abfälle)	frei	frei	frei	1902
Kleider und aus gewebten Waren verarbeitete Gegenstände, welche nicht anderwärts im Tarife aufgeführt sind:				
I. mit Öl, Firnis, Gummi oder dergleichen getränkte oder überzogene oder von derartigem Zeuge angefertigte, sowie solche mit Überzug von Celluloid:				
a) wenn der Stoff ganz oder teilweise von Seide ist	6,00	6,00	7,20	0,2
b) wenn der Stoff ganz oder teilweise von Wolle ist	2,00	**2,40**	**3,00**	56
c) andere	1,00	**1,10**	**1,40**	119
II. andere Kleider, sowie genähte Teile dazu, auch wenn sie nicht vollständig fertig zum Gebrauch sind:				
A. Stärke-Wäsche (auch aus mehrfarbigem oder bedrucktem Zeug), soweit sie in gestärktem Zustande eingeführt				

Warengruppe	Zollsätze in Kronen pro kg			Norweg. Gesamteinfuhr in dz 1903
	Geltend. Minimaltarif	Neuer Minimaltarif	Neuer Maximaltarif	
wird, einschl. Schachteln, Papier u. dergl. Umschließungen	1,75	**1,85**	**2,20**	302
B. **Schlipse, einschl. Kartons, Rahmen, Einlagen oder dergl. unmittelbare Umschließungen.**				
1. **aus Seide**	—	**10,00**	**16,00**	bisher unter C
2. **aus Halbseide**	—	**6,00**	**11,00**	
3. **aus Wolle**	—	**2,50**	**5,50**	
4. **andere**	—	**1,20**	**2,50**	
C. andere, wie der Hauptstoff des Überzeuges, mit folgenden Zuschlägen pro kg:				
a) wenn jenes aus Baumwolle, Leinen oder ähnlichen Stoffen besteht, mit einem Zuschlag von	0,50	**1,00**	**1,00**	662
b) wenn jenes aus Wolle besteht, mit einem Zuschlag von	1,00	**2,00**	**2,00**	1185 davon ausgeführt: 48
c) wenn jenes aus Seide oder Halbseide besteht, mit einem Zuschlage von...	2,00	**3,00**	**3,00**	41
D. Ist der Stoff mit Stickerei (auch Maschinen- oder **Applikations**-Stickerei) versehen oder mit Blonden, Spitzen oder Putzbesatz aus Posamenten, Perlen, Seidenschleifen, Seidenzeug, Pelz oder dergleichen verziert,				

Warengruppe	Zollsätze in Kronen pro kg: Geltend. Minimaltarif	Neuer Minimaltarif	Neuer Maximaltarif	Norweg. Gesamteinfuhr in dz 1903
oder ist irgend ein Teil des Oberzeuges (gewöhnliche Kragen, Knopfbesatz, Knopflöcher, Einfassung von Band und Schnur nicht mitgerechnet) zu einem höheren Zollsatze als der Hauptstoff angesetzt, oder sind die Kleidungsstücke mit Seidenfutter (dahin gehören jedoch nicht inwendige Bänder und Besätze) versehen, so wird der Zuschlag, wie folgt, berechnet:				
a) wenn der Hauptstoff aus Baumwolle (ausgenommen baumwollene Stickereien auf Baumwollenwaren, welche wie die Ware, auf der sie angebracht sind, verzollt werden), Leinen oder ähnlichen Stoffen besteht, mit einem Zuschlage von	1,00	**1,50**	**1,50**	
b) wenn derselbe aus Wolle besteht, mit einem Zuschlage von	2,00	**4,00**	**4,00**	bisher unter C
c) wenn derselbe aus Seide oder Halbseide besteht, mit einem Zuschlag von	4,00	**6,00**	**6,00**	
Sind Kleidungsstücke				

Warengruppe	Zollsätze in Kronen pro kg			Norweg. Gesamteinfuhr in dz 1903
	Geltend. Minimaltarif	Neuer Minimaltarif	Neuer Maximaltarif	
aus einem Stoff verfertigt, welcher je nach dem Gewichte von 1/4 qm verschiedenen Zollsätzen unterliegt und dessen Gewicht nicht mit hinreichender Sicherheit ermittelt werden kann, so werden diese Artikel als aus dem Stoffe verfertigt angesehen, welchem der höchste Zollsatz entspricht. Die Erhöhung wird nicht gerechnet, wenn keine andere Näharbeit als Säume oder Einfassung daran ist.				
Knöpfe und Knopfteile:				
1. Überzogene und übersponnene:				
a) ganz oder teilweise mit Seide	4,00	4,00	4,80	1,6
b) mit anderem Materiale....	2,00	2,00	2,40	7,5
2. von Gold, Silber oder Platina, wie andere aus diesen Metallen gearbeitete Waren.				
3. Manschettenknöpfe und dergl. aus unedlen Metallen, siehe Bijouteriewaren unter „Metalle II A."				
4. **Metallene Stifte und Ösen zu Knöpfen werden wie das verarbeitete Material verzollt.**				

Warengruppe	Zollsätze in Kronen pro kg			Norweg. Gesamteinfuhr in dz 1903
	Geltend. Minimaltarif	Neuer Minimaltarif	Neuer Maximaltarif	
5. andere, sowie Knopfformen...	1,00	**1,20**	**1,60**	538
Bei Nr. 1 und 5 wird kein Abzug für Papier, Pappe, Schachteln oder dergl. berechnet.				
Korallen, rohe oder unbearbeitete ..	frei	frei	frei	
— bearbeitete, wie geschliffene oder polierte Steine.				
Kork, unbearbeitet	frei	frei	frei	7300
in Pfropfen, ohne Beschlag	frei	**0,50**	**1,00**	380
in Pfropfen, mit Beschlag	1,50	1,50	1,80	3
in Tafeln, in Verbindung mit anderen Materialien, darunter Linoleum und dergleichen Stoffe	0,13	**0,18**	**0,25**	4384
andere Waren aus Kork, **darunter Korksohlen**	0,13	0,13	**0,25**	3,5
Getreide und Hülsenfrüchte:				
1. ungemahlen:		pro dz		
a) Buchweizen	*frei*	*frei*	*0,80*	—
b) Gerste	*0,22*	*0,22*	***2,—***	1.376.456
Zollkreditlager 15000 kg.				
c) Bohnen, Erbsen und Linsen	*0,36*	*0,36*	*0,80*	40.585
d) enthülste, wie Mehl von diesen Arten.				
e) **Wicken aller Art**.......	*frei*	*frei*	***0,80***	3213
f) Hafer..................	*frei*	***0,60***	***2,—***	130.349
g) Weizen	*0,60*	*0,60*	*1,00*	170.650
Zollkreditlager 5000 kg.				
h) Mais	*frei*	*frei*	*0,80*	194.260
i) Malz aller Art, gemahlen und ungemahlen		pro kg		
	0,50 1/2	0,50 1/2	1,00	34008
Tara: Fässer 16%.				

Warengruppe	Zollsätze in Kronen pro dz: Geltend. Minimaltarif	Neuer Minimaltarif	Neuer Maximaltarif	Norweg. Gesamteinfuhr in dz 1903
	pro dz:			
k) Roggen*)	*frei*	*frei*	*0,80*	2.810.528
Zollkreditlager 15000 kg.				
2. gemahlen:				
a) Grütze:				
von Buchweizen	*0,50*	***0,60***	*1,20*	0,1
von Gerste, ganze sowie gespaltene, ebenso Perlgraupen	*0,50*	***0,60***	***2,—***	26738
von Hafer	*0,60*	***1,30***	***2,20***	50536
von Weizen, einschließlich Gries und Kabankagrütze, desgl. Haus-, Hirse- und Mannagries	pro kg: 0,15	0,15	0,20	115
b) Mehl:				
von Gerste, Bohnen, Erbsen und Linsen	pro dz: *0,50*	*0,50*	***2,—***	21093
von Buchweizen u. Roggen*)	*0,30*	***0,40***	***2,—***	160.804
von Mais, desgl. geteilter oder gequetschter	*0,30*	*0,30*	*1,20*	939
von Hafer	*0,60*	***1,—***	***2,—***	1303
Abzug für Emballage von Metall, Papier oder dergl. wird nicht berechnet.				
von Weizen	*2,00*	*2,00*	*3,00*	400.673 davon ausgeführt: 7931
c) Kleie	*0,30*	***0,40***	*0,80*	5093
Anmerkung 1. Getreide, in welchem sich verschiedene Sorten vorfinden, wird als Getreide der Art verzollt, welche dem höchsten Zollsatz unterliegt.				
Anmerkung 2. Säcke, in welchen				

*) Roggen und Roggenmehl bei Einfuhr über Hammerfest, Vardö und Vadsö . . . . . frei.

Warengruppe	Zollsätze in Kronen pro kg			Norweg. Gesamteinfuhr in dz 1903
	Geltend. Minimaltarif	Neuer Minimaltarif	Neuer Maximaltarif	
gemahlenes oder ungemahlenes Getreide eingeführt wird, unterliegen einem Zoll von 8 Öre per Stück; Säcke, die nicht mehr als 65 kg fassen, zahlen nur die Hälfte.				919537 Stück. Davon ausgeführt: 197911.
Gewürze:				
a) ungemahlen:				
1. Nelken u. Nelkenstiele, sowie Mutterkümmel und Kümmel	0,25	0,25	0,25	1587 (1. und 2.)
2. Englisch Gewürz (Piment), Anis und Sternanis, Pfeffer anderer Art als Cayennepfeffer	0,25	0,25	0,25	
3. Ingwer (nicht eingemacht), Zimmet, cassia lignea, Kaneelblüten und Kaneelabfall	1,00	1,00	1,00	980
4. Cayennepfeffer und Curry, einschl. unmittelbarer Umschließung, Kardamom, Muskatblüten und Muskatnüsse	4,00	4,00	4,00	181
5. Safran und Vanille, einschl. unmittelbarer Umschließung	6,00	6,00	6,00	5
6. Senf (Senfsamen)	0,25	0,25	0,25	26
7. Lorbeer und Lorbeerblätter	frei	frei	frei	41
b) gemahlen:				
1. Senf, auch zubereiteter, einschließl. unmittelbarer Umschließung	1,00	1,00	**1,40**	176
2. andere Gewürze, entsprechend den ungemahlenen, mit 20 % Zollerhöhung, alle einschl. unmittelbarer Umschließung.				30

Warengruppe	Zollsätze in Kronen pro kg			Norweg. Gesamt-einfuhr in dz 1903
	Geltend. Minimal-tarif	Neuer Minimal-tarif	Neuer Maxi-maltarif	
c) Saucen, einschl. des Gewichtes der unmittelbaren Umschließung	1,00	1,00	**1,40**	35
Kohle, Holzkohle, gemahlen oder ungemahlen	frei	frei	frei	1397
Körbe und Korbmacherwaren von Zweigen, Weiden, Wurzeln und Kokosfasern, sowie von Bast, Gras, Rohr, Binsen, Spahn oder Stroh:				
1. ganz oder teilweise von ungeschälten Zweigen...........	0,08	0,08	0,10	64
2. andere Waren:				
a) Korbmacherwaren oder ähnliche Waren mit Stoff garniert	1,50	1,50	1,80	1,5
b) **Körbe aus Span**	—	**0,30**	**0,40**	bisher unter Spanwaren
c) andere	0,60	**0,75**	**1,00**	207
Lack (Siegellack und Flaschenlack)	0,50	0,50	0,60	13
Lakritzen:				
a) in Blöcken über 4 kg schwer	0,20	0,20	0,40	73
b) anderer (Lakritzensaft) mit oder ohne Zusatz von anderen Stoffen	0,40	0,40	0,50	743
Tara für b: Kisten 20%.				
Lampen und Lampenteile (ausgenommen Aufhängegewichte, lose Zylinder, Schirme und Glocken, welche besonders zu verzollen sind), Kandelaber, Wandleuchter, Kronleuchter, sowie Teile davon, Leuchter, **Handleuchter u. Laternen.**				
a) aus Gold, Silber oder Platina, wie Waren aus diesen Materialen.				

Warengruppe	Zollsätze in Kronen pro kg			Norweg. Gesamteinfuhr in dz 1903
	Geltend. Minimaltarif	Neuer Minimaltarif	Neuer Maximaltarif	
b) vergoldete, versilberte oder plattierte	1,00	1,00	1,20	3,6
c) **aus Kupfer, Bronze, Messing** oder Nickellegierung, sowie vernickelte	0,50	0,50	0,70	36
d) andere	0,35	0,35	0,40	1077
e) Küchenlampen, das Gewicht der Schachteln einbegriffen	0,35	0,35	0,40	3,6
Spielzeug aller Art, ohne Rücksicht auf das Material, oder Teile davon, einschl. Karten, Schachteln, Papierumschlägen u. dergl. unmittelbarer Umschließung	2,00	2,00	2,20	467
Leim:				
a) Hausenblase und Gelatine in dünnen, biegsamen Blättern, **oder pulverisiert,** sowie unter c nicht aufgeführte Gelatinekapseln	1,50	1,50	**2,00**	83
b) flüssiger Leim, Walzenmasse, Diamantkitt, Syndetikon und dergleichen	0,15	0,15	0,20	144
c) Gelatinekapseln, gefüllte, harte und elastische, soweit deren Inhalt keinem höheren Zollsatze unterliegt	0,50	**0,75**	**1,00**	8
Für a, b c wird die Papierumhüllung, die Schachteln, Flaschen, Kruken und dergleichen unmittelbare Umschließung in das Gewicht mit eingerechnet.				
d) andere Sorten	0,05	0,05	0,10	1652

Warengruppe	Zollsätze in Kronen pro kg			Norweg. Gesamteinfuhr in dz 1903
	Geltend. Minimaltarif	Neuer Minimaltarif	Neuer Maximaltarif	
Flachs, Hanf, Manilahanf, Jute und dergleichen Spinnstoffe, sowie Waren daraus:				
1. Die obengenannten Spinnstoffe, gehechelt und ungehechelt, sowie Abfall beim Hecheln, darunter Werg.	frei	frei	0,03	55.098
2. Watte	0,06	0,06	0,10	—
3. Garne aus Flachs oder Hanf:				
a) eindrähtig:				
1. ungebleicht	0,06	0,06	**0,08**	609
2. gebleicht	0,08	0,08	0,12	1003
3. gefärbt oder bedruckt . . .	0,25	0,25	0,30	102
b) zwei- oder mehrdrähtige:				
1. ungebleicht	0,06	0,06	0,10	2922
2. gebleicht	0,15	0,15	0,20	42
3. gefärbt oder bedruckt . . .	0,35	0,35	**0,45**	128
4. Garne aus Jute:				
a) eindrähtig:				
1. ungefärbt	0,03	0,03	0,06	479
2. gefärbt oder bedruckt . . .	0,15	0,15	0,18	3
Tara: für Nr. 3 und 4: Auf Rollen oder Spindeln von Holz oder Metall 50%. Für Papiereinlage wird **Zoll nicht berechnet.**				
b) zwei- oder mehrdrähtig, wie Seilerwaren.				
5. Filz	frei	frei	frei	98
6. Seilerwaren:				
a) geteerte	frei	frei	0,07	1181
b) ungeteerte, von mehr als 2 mm Durchmesser, darunter				

Warengruppe	Zollsätze in Kronen pro kg			Norweg. Gesamteinfuhr in dz 1903
	Geltend. Minimaltarif	Neuer Minimaltarif	Neuer Maximaltarif	
ungebleichtes Hanfgarn zu Fischernetzen	frei	frei	0,10	11.659
c) ungeteerte, feinere:				
1. ungebleicht	0,06	**0,10**	**0,13**	1973
2. gebleicht, gefärbt oder bedruckt oder mit Einschlag von farbigem Garn	0,15	0,15	0,20	17
7. Sattelgurte und Möbelgurte...	0,15	0,15	0,18	60
8. Fischnetze (Netze und Garn)..	0,07	0,07	0,10	78
9. Fußbodenmatten, Fußbodenteppiche und Teppichzeug....	0,30	0,30	**0,45**	68
10. Segeltuch und andere gebleichte und ungebleichte Zeuge, außer Jutegewebe, im Gewicht von 110 g oder mehr pro ¼ qm	0,10	0,10	0,15	3186
11. Bänder und Litzen, gewöhnliche, die nicht als Posamentierbänder angesehen werden können; ebenso Bänder und Zeuge mit eingewebtem Kautschuk, Guttapercha und dergleichen, sowie Gürtel hiervon	1,10	**1,30**	**2,00**	—
Gürtel einschl. Einlagen, Schachteln, Papierumschläge u. dergl. unmittelbare Umschließung.				
12. Drelle und Damaste sowie Tücher, soweit solche nicht unter eine höher verzollte Klasse subsumiert werden können; einschl. unmittelbarer Umschließung	0,70	**0,80**	**1,10**	250

Warengruppe	Zollsätze in Kronen pro kg			Norweg. Gesamteinfuhr in dz 1903
	Geltend. Minimaltarif	Neuer Minimaltarif	Neuer Maximaltarif	
13. Wirkwaren:				
a) Handschuhe aller Art, siehe diese.				
b) Trikotstoffe, — sowohl gestrickte, gehäkelte und filierte wie gewebte —, gefärbt und ungefärbt, darunter auch fertige Kleidungsstücke von Trikot, wenn sie auch mit Knöpfen, Prisen, Einfassungen, Bändern und dergleichen von einem höher besteuerten Materiale, als die Kleidungsstücke selbst, versehen sind	1,10	**1,20**	1,75	3
c) mit Besatz von Stickerei, Seide, Blonden, Spitzen u. dergl. oder mit seidenem Futter versehen	2,25	2,25	3,00	0,5
14. Posamentierwaren, siehe diese.				
15. Blonden, Spitzen, gestickte Festons, Zwischensätze u. dergl., sowie Bobbinet und Tüll	4,00	4,00	**5,60**	0,3
16. Andere durchsichtige oder durchbrochene Stoffe, wenn dieselben entweder gestickt oder mit Mustern, Figuren, Streifen oder Karos gewebt sind; (hierunter fallen nicht Stickereien auf Kanevas)	2,00	2,00	2,50	0,9
Anmerkung: Als durchsichtige oder durchbrochene Waren werden diejenigen				

Warengruppe	Zollsätze in Kronen pro kg			Norweg. Gesamteinfuhr in dz 1903
	Geltend. Minimaltarif	Neuer Minimaltarif	Neuer Maximaltarif	
angesehen, wenn sich zwischen den einzelnen Fäden ein Zwischenraum (mit Ausnahme in der Stickerei oder den dichteren eingewebten Figuren, Streifen oder dergleichen) von der Stärke mindestens eines Fadens unterscheiden läßt, oder falls dies nicht entschieden werden kann, wenn ein 1/2 qm 20 g oder weniger wiegt.				
17. Andere Waren aus obengenannten Spinnstoffen:				
a) von Flachs oder Hanf:				
1. bedruckte	1,10	1,10	**1,45**	1,4
2. mehrfarbige, aber nicht bedruckte	0,65	**0,70**	**1,00**	32
3. ganz einfarbige oder gebleichte, wenn 1 qcm in Kette und Schuß zusammen enthält:				
a) nicht über 25 Fäden . .	0,27	**0,30**	**0,40**	123
b) über 25—50 Fäden . .	0,40	**0,50**	**0,70**	49
c) über 50 Fäden	1,00	1,00	**1,30**	34
d) Stärke-Wäsche, siehe Kleider.				
4. ungebleichte, wenn 1 qcm in Kette und Schuß zusammen enthält:				
a) nicht über 25 Fäden . .	0,10	**0,15**	**0,20**	910
b) über 25—50 Fäden . .	0,20	**0,30**	**0,40**	1024
c) über 50 Fäden	0,85	0,85	1,20	1,9
b) von Jute:				
1. Sack-, Pack- und Bezug-				

Warengruppe	Zollsätze in Kronen pro kg			Norweg. Gesamteinfuhr in dz 1903
	Geltend. Minimaltarif	Neuer Minimaltarif	Neuer Maximaltarif	
Leinwand, ungebleicht u. ungefärbt	0,07	0,07	0,10	12967
2. Säcke, siehe diese.				
3. andere Waren, soweit sie nicht als Leinenwaren zu einem niedrigeren Zollsatz eingehen	0,50	0,50	**0,65**	0,5
Anmerkung 1. Als „ganz einfarbig oder gebleicht" werden einfarbige Zeuge verzollt, selbst wenn die Farbe darauf durch Druck oder als Zusatz zum Leim oder Kleister angebracht ist, mit dem die Ware durchsetzt ist.				
Anmerkung 2. Waren aus den hier genannten Spinnstoffen in Verbindung mit Baumwolle, wie Baumwollwaren; in Verbindung mit Wolle, wie Wollwaren; in Verbindung mit Seide, wie Seidenwaren. Waren aus Jute in Verbindung mit Flachs, Hanf oder dergleichen Spinnstoffen, wie Leinen.				
Anmerkung 3. Genähte, bestickte oder mit anderer Verzierung versehene Stoffe von Flachs, Hanf oder dergleichen **(mit Ausnahme von Wirkwaren)** werden wie Kleider verzollt.				
Parfümerien:				
a) alkoholhaltige, siehe Branntwein.				
b) andere, darunter solche zum Toilettengebrauch	0,80	0,80	1,00	7
Werden diese Wässer in Umschließungen von weniger als 1/2 Liter Inhalt eingeführt, so wird die unmittelbare Umschließung mitgerechnet.				

Warengruppe	Zollsätze in Kronen pro kg			Norweg. Gesamteinfuhr in dz 1903
	Geltend. Minimaltarif	Neuer Minimaltarif	Neuer Maximaltarif	
Maccaroni, Vermicelli, Nudeln	0,20	0,20	0,30	421
Tara: Kisten 24 %, Körbe 12 %.				
Matratzen und gefüllte oder gestopfte Betten, gesteppte Bettdecken, gepolsterte oder gestopfte Möbel und gepolsterte oder gestopfte Teile derselben, an welchen die Tischlerarbeit nicht die Hauptsache ist; Wagenpolster, gestopfte Sofakissen, Fußkissen und dergleichen:				
1. wenn ein Teil davon aus Metall oder Holz besteht	0,25	0,25	0,30	8
2. andere:				
a) mit Krollharen, Federn oder Daunen gestopft	0,50	0,50	0,60	8
b) mit anderem Material gefüllt	0,30	0,30	0,35	14
Anmerkung. Wenn die hierher gehörigen Gegenstände mit einem Überzug von Seide oder von Seide in Verbindung mit anderen Materialien versehen sind, so wird ein Zuschlag von 50 % erhoben.				0,6
Malereien und Handzeichnungen ohne Rahmen	—	frei	frei	*61.053 Kr.*
*Malz*extrakt, trocken oder flüssig, mit oder ohne Zusätze, einschl. des Gewichts der unmittelbaren Umschließung	0,80	0,80	0,80	35
Maschinen, Motore und Apparate für gewerbliche oder technische Zwecke, zum Gebrauch in Schiffahrt oder Landwirtschaft, ander-				

Warengruppe	Zollsätze in Kronen pro kg			Norweg. Gesamteinfuhr in dz 1903
	Geltend. Minimaltarif	Neuer Minimaltarif	Neuer Maximaltarif	
weit im Tarif nicht genannt, sowie fertige Teile davon	*5* % oder frei	*5* %	*10* %	*6460000 Kr.*
Anmerkung. Waren aus Eisenplatten von 3 mm oder mehr Dicke sind zollfrei.				
Maschinen- und Treib-Riemen aller Art, sowie Nähriemen	frei	**0,15**	**0,20**	
Maschinenpackungen u. Maschinentaue	frei	frei	**frei**	
Metalle:				
I. *rohe*, sowohl in Klumpen, Körnern, Blöcken und Barren wie in solchen Platten oder dergl., welche keiner weiteren Bearbeitung als Ausschmelzung unterworfen sind; ferner altes Metall, welches nur zur Umarbeitung geeignet ist; Metallabfall	frei	frei	frei	231.708
II. *Metallwaren:*				
A. *aus verschiedenen Metallen:*				
1. a) Angel- oder Fischhaken, gewöhnliche	frei	frei	0,12	59
b) Fliegenhaken einschließl. Kartons und unmittelbarer Umschließung	5,00	5,00	6,00	1
c) Haken mit künstlichem Köder, hierunter slug*) u. dergl., alles einschl. Kartons und unmittelbarer Umschließung	2,00	2,00	**3,00**	4,5
2. Bijouteriewaren aus unedlen Metallen in oder ohne Ver-				

*) Nachgebildete Fischchen aus Metall mit Angelhaken.

Warengruppe	Zollsätze in Kronen pro kg			Norweg. Gesamteinfuhr in dz 1903
	Geltend. Minimaltarif	Neuer Minimaltatif	Neuer Maximaltarif	
bindung mit anderen Materialien (wie **Halsbänder**, Armbänder, **Broschen**, Brustnadeln **u. a. Schmucknadeln**, **Agraffen**, Ketten, Kreuze, Manschettenknöpfe **u. a. Schmuckknöpfe** Ringe, Petschafte u. dergl.				
a) **unvergoldete**	2,50	2,50	3,00	127
b) **vergoldete, darunter Doublé - Waren aller Art, sowie alle Artikel in nachgeahmtem Filigran oder Email (auch Schnallen und Spangen)**	2,50	**10,00**	**20,00**	
Anmerkung 1. Keine Tara für Kartons, Schachteln, Futterale u. dergl. unmittelbare Umschließungen.				
Anmerkung 2. **Als Doubléwaren werden gold- oder silber-plattierte Waren aus unedlen Metallen angesehen. Als nachgeahmtes Filigran wird jeder Gegenstand angesehen, welcher zu einem größeren oder geringeren Teil aus einer Nachahmung von Drahtarbeit besteht. Als unechtes Emaille wird nicht angesehen echte Emaille in unechter Fassung.**				
3. Blattgold und Blattsilber, sowie anderes Blattmetall ..	frei	frei	frei	6
4. Blonzepulver und andere feingeriebene Metalle, echte oder unechte	frei	frei	frei	50

Warengruppe	Zollsätze in Kronen pro kg			Norweg. Gesamteinfuhr in dz 1903
	Geltend. Minimaltarif	Neuer Minimaltarif	Neuer Maximaltarif	
5. Handfeuerwaffen, sowie Teile davon, einschl. der Rohre und Schäfte oder Kolben:				
a) fertige:				
1. Gewehre u. Teile davon	1,00	1,00	1,20	139
2. Pistolen und Revolver, sowie Teile davon....	2,00	2,00	2,40	8
b) unfertige (Teile):				
1. Rohre, gebohrte und ungebohrte..........	frei	frei	frei	19
2. andere, wie Waren aus dem Material.				
6. Kanonen, über 50 kg per Stück, Mörser und Laffeten	frei	frei	frei	1679
7. Golddrahtzieher-Arbeiten aus Gold, Silber und Platina, echt oder unecht:				
a) Tressen, Galonen, Spitzen, Fransen u. dergl.	7,50	**10,00**	**13,00**	7
b) Gold-, Silber- od. Platinadraht zu Stickereien, sowie Pailletten, Lahn u. Flitter	2,00	**2,50**	**3,00**	7,5
Tara für Kartons, Schachteln, Futterale, Papierumschläge u. a. dergl. unmittelbare Umschließung wird nicht gewährt.				
8. Haken und Ösen, Haarnadeln, Stecknadeln, Sicherheitsnadeln, Hut- und Schalnadeln mit Glasköpfen, **soweit sie nicht unter Bijouteriewaren zu subsumieren sind**............	0,50	0,50	**0,70**	189

Warengruppe	Zollsätze in Kronen pro kg			Norweg. Gesamteinfuhr in dz 1903
	Geltend. Minimaltarif	Neuer Minimaltarif	Neuer Maximaltarif	
Tara für das Papier oder andere Material, auf welches die Gegenstände aufgeheftet oder in welches sie eingewickelt sind, wird nicht gewährt.				
9. Münzen und Medaillen	frei	frei	frei	*304036 Kr.*
10. Stahlfedern, einschl. Kartons, Schachteln, Futterale oder dergl. unmittelbarer Umschließung	0,60	0,60	**0,85**	47
11. Gerätschaften u. Werkzeuge, nicht anderwärts genannt, **sowie Teile solcher**	frei	***5*** %	***10*** %	17.071 = *2.219200 Kr.*
12. Schriftgießerwaren:				
a) Brotschriften und **Ausschlüsse,** sowie Titel- und Akzidenzschriften	0,10	0,10	0,12	402
b) **Klischees aller Art, Gravierungen, Ätzungen, Holzschnitte u. dergl., sowie Stereotypplatten und Papiermatrizen** ...	—	***10*** %	***15*** %	267 =*146700 Kr.*
c) Andere Verzierungen oder Formen von Metall, ohne oder in Verbindung mit Holz, für Kattundrucker, Tapetenfabrikanten u. dgl.	frei	frei	frei	
13. a) Stahl- oder anderer Metalldraht, umwebt oder umwunden mit Band, Garn, Papier oder dergl. (runde oder flache Wiren), einschließlich des Gewichtes				

Warengruppe	Zollsätze in Kronen pro kg Geltend. Minimaltarif	Neuer Minimaltarif	Neuer Maximaltarif	Norweg. Gesamteinfuhr in dz 1903
des Holzes, um das er gewunden ist; Stahlfedern, umwunden mit Garn oder dergl.	0,30	0,30	**0,42**	47
b) Arbeiten daraus, darunter Hutformen	0,60	0,60	**0,85**	72
Anmerkung: Die Einfuhr sehr schwer wiegender Metallarbeiten zu gewerblichen oder landwirtschaftlichen Zwecken oder zum Schiffsgebrauch kann, sofern sie nicht nach dem Tarife zollfrei sind, vom Zolldepartement zu einem geringeren Zollsatze als dem festgesetzten oder unter Umständen zollfrei gestattet werden. **Das gleiche gilt für sehr wertvolle Maschinen, Motore und Apparate zu demselben Gebrauch.**				
A. *Gold, Silber, Platina:*				
1. Platten, glatte, gewalzte . . .	frei	frei	frei	1
2. Draht:				
a) glatter	frei	frei	frei	0,16
b) anderer, siehe Metalle A 7b.				
3. andere Arbeiten daraus, einschließlich der damit gefaßten Gegenstände:				
a) Gold und Platina, **darunter gepreßte Waren** .	—	30,00	36,00	0,7
b) **Silber, auch vergoldetes; darunter auch Waren aus echter Emaille mit vergoldeter Einfassung aus unedlem Metall:**				

Warengruppe	Zollsätze in Kronen pro kg			Norweg. Gesamteinfuhr in dz 1903
	Geltend. Minimaltarif	Neuer Minimaltarif	Neuer Maximaltarif	
1. **in Filigran oder Emaille**	—	**60,00**	**75,00**	unter Nr. 3.
2. Messer und Gabeln aus unedlem Metall mit silbernem Heft	6,00	6,00	**7,50**	0,7
3. andere, **darunter gepreßte Waren**	—	15,00	**20,00**	103
Anmerkung 1. Für Etuis, Schachteln, Umschlagpapier u. dergl. unmittelbare Umschließung wird keine Tara bewilligt.				
Anmerkung 2. Als Filigranarbeit wird jeder mit Verzierung aus Silberdrahtarbeit versehene Artikel angesehen.				
C. *Eisen:*				
1. Stahl, Stangen-, Bolzen- und Bandeisen, Schraubenbolzen für Straßenbahnen, Traverseisen, sowie Eisenbahnschienen	frei	frei	**0,02**	285.661
2. Wagenachsenbuchsen (Ausfütterung von Wagenlagern), Räder und Federn für Eisenbahnen u. a. Schienenbahnen, Achsen, Zapfen, Brechstangen, Schiffskniee, Propellerrahmen, Achtersteven oder Steuersteven, Winkeleisen, T-Eisen, anderes gewalztes, façoniertes Eisen, Gußstücke, Unterlagsplatten, Verbin-				

Warengruppe	Zollsätze in Kronen pro kg			Norweg. Gesamteinfuhr in dz 1903
	Geltend. Minimaltarif	Neuer Minimaltarif	Neuer Maximaltarif	
dungsplatten, Verbindungseisen für Schienen	frei	frei	**0,03**	111812
3. Wagenfedern und Puffer ...	frei	frei	frei	
4. Platten:				
a) geschmiedete oder gewalzte (auch verzinnte, verzinkte, bemalte, lackierte u. emaillierte), ohne andere Bearbeitung, als daß sie kanneliert oder auf andere Weise gebogen oder mit Löchern versehen u. zum Zusammenfügen hergerichtet sind ..	frei	frei	**0,02**	336877
b) 3 mm dick und darüber, verarbeitet	frei	frei	**0,04**	14613
5. Holzschrauben (blanke Holzschrauben, **auch galvanisiert**)	frei	frei	**0,04**	1381
6. Nägel und Drahtstifte, Haken und Krampen unter 45 mm Länge, sowie Schuhstifte	0,10	0,10	0,15	1644
7. von 45 mm Länge u. darüber sowie Pferdehufeisennägel u. andere Nägel	0,03	0,03	0,05	2693
Anmerkung. Als eiserne Nägel und Drahtstifte werden diese Artikel auch verzollt, wenn sie aus Eisen in Verbindung mit anderen Metallen bestehen.				
8. Bolzen mit oder ohne Schraubenmutter, sowie andere				

Warengruppe	Zollsätze in Kronen pro kg			Norweg. Gesamteinfuhr in dz 1903
	Geltend. Minimaltarif	Neuer Minimaltarif	Neuer Maximaltarif	
Schrauben, als Holzschrauben (blanke Holzschrauben), Nietnägel, Bandeisenverbinder (buckles), Muttern, Nietplatten und Nietringe mit oder ohne Verkupferung, Verzinnung oder Verzinkung	0,02	0,02	**0,03**	6926
9. Röhren, sowohl gegossene wie gezogene, geschweißte und gewalzte, Balken, Säulen, Pfosten	frei	frei	**0,04**	111.950
10. Rohrventile (Hähne) **Stopfventile** u. Schornsteinaufsätze	frei	frei	**0,13**	218
11. Feuerfeste Schränke und Kisten, sowie **Gewölbetüren und Kassetten zu feuerfesten Gewölben**	0,05	**0,10**	**0,13**	Nr. 11 u. 12 zusammen 5499
12. Kopierpressen, Schiffsküchen und Sparherde; Öfen, Kamine aller Art, sowie Teile davon (soweit die Waren nicht Arbeiten aus Eisenblechen von 3 mm Stärke und darüber sind), Rippenrohre, Radiatoren u. andere Heizapparate aller Art, Kochapparate und Teile davon, gußeiserne Töpfe und Pfannen, sowie Kessel aller Art, Pumpen, sowie Teile zu solchen, Luftventile, Geländer und Gitter, Fenster				

Warengruppe	Zollsätze in Kronen pro kg			Norweg. Gesamteinfuhr in dz 1903
	Geltend. Minimaltarif	Neuer Minimaltarif	Neuer Maximaltarif	
mit oder ohne Scheiben, Heuraufen, Räder f. Schiebkarren und Wagen, Pferdegöpel . . .	{0,05 {0,02	0,05	**0,07**	
13. Betten	0,10	0,10	0,15	109*)
14. Schiffsanker, Dregganker, Ketten aller Art, Blöcke und Teile solcher, Feuerhaken, Kauschen, Haken	frei	frei	**0,02**	18266
15. Ballasteisen, Ankerkettenhülsen, Luken, Pöller, Wasserkasten und andere grobe Gußwaren für Schiffe, sowie andere grobe Gußwaren, nicht anderweit von mehr als 25 kg. Gewicht per Stück	frei	frei	**0,02**	6733
16. Badewannen, Fach- u. Dachwerk zu Gebäuden, Brückenwerk, Türen, Fontänen, Fässer, Grabmale, Küchenausgüsse (gußeis.), Einfallsschachte für Kloaken sowie Köpfe zu solchen, Kleiderrollen (Mangeln), Krippen, Deckel für Einfallschächte, Mühlen aller Art, anderweit nicht genannt, für Hand-, Pferde- **und Maschinen**-Betrieb, Gewichte, Laternenpfähle und Pfähle für elektrische Lampen				

*) Vom 1. IV. bis 31. XII. 1903.

Warengruppe	Zollsätze in Kronen pro kg			Norweg. Gesamteinfuhr in dz 1903
	Geltend. Minimaltarif	Neuer Minimaltarif	Neuer Maximaltarif	
und Leitungen, Milchtransporteimer, **20 l und darüber fassend,** Mörser, Rollläden (persienner), Pissoire, Platten (gußeis.), Pumpen, Retorten, Roste, Ofentüren, Dachrinnen, Treppen, Tonnen, Wringmaschinen	0,02	0,02	0,04	10958
Anmerkung. Sofern einer der aufgezählten Gegenstände aus Eisenblech von 3 mm Stärke oder darüber besteht, ist er nach Nr. 4b zollfrei.				
17. Stahl- und Eisendraht:				
1. **vergoldet, versilbert od. plattiert,**				
a) **unbearbeitet, darunter Saiten**	—	**0,30**	**0,40**	0,4
b) **Waren daraus, anderweit nicht genannt** ..	—	**1,00**	**1,30**	0,1
2. anderer, mit oder ohne Überzug				
a) unbearbeitet (hierunter Saiten).............	frei	frei	0,03	65909
b) Wiren und Wirenband sowie Arbeiten daraus, siehe Metallwaren A. Nr. 13a und b.				
c) Drahtseile, Drahtgewebe, sowie Stachel-Zaundraht u. Zaunnetze	frei	frei	**0,03**	17619
d) Waren aus Draht, nicht besonders genannt, dar-				

Warengruppe	Zollsätze in Kronen pro kg			Norweg. Gesamt-einfuhr in dz 1903
	Geltend. Minimal-tarif	Neuer Minimal-tarif	Neuer Maxi-maltarif	
unter Stricknadeln **und lose Schirmschienen**.	0,15	0,15	**0,20**	456
18. Messer und Gabeln mit plattierten Heften, Federmesser (**sowie Klingen zu solchen**) und Rasiermesser, alle mit oder ohne Futterale und einschl. Kartons und unmittelbarer Umschließung	2,00	2,00	**2,60**	67
Anmerkung. Als Federmesser werden diejenigen Messer verzollt, an welchen sich Federmesserklingen befinden. Als Federmesserklingen werden auch Geräte von solcher Form angesehen, daß sie durch einfaches Schleifen leicht zu Federmesserklingen umgearbeitet werden können.				
19. Nadeln:				
a) Näh-, Stick-, Stopf-, Netz- und Häkelnadeln einschl. des Papiers oder anderen Materials, worin die Nadeln eingeheftet sind........	0,75	0,75	**1,00**	32
b) Haar- und Stecknadeln, Sicherheits-, Hut- und Schalnadeln mit Glasknopf, siehe Metalle A. 8.				
c) andere Nadeln, wie polierte Eisenwaren.				
20. Lackierte und gefirnißte Präsentierbretter, Brotkörbe, Aufschneidebretter aller Art	0,35	0,35	0,45	92

Warengruppe	Zollsätze in Kronen pro kg			Norweg. Gesamteinfuhr in dz 1903
	Geltend. Minimaltarif	Neuer Minimaltarif	Neuer Maximaltarif	
21. Messer und Gabeln, welche nicht unter eine höher verzollte Klasse subsumiert werden können; Korkzieher, Scheren (polierte), Schlösser, Schlüssel, Lichtscheren, Schlittschuhe, Stempel und Stempelpressen, Degen, Säbel und Florets, mit oder ohne Scheiden, sowie Klingen zu diesen Waffen	0,35	0,35	**0,50**	1296
22. Fingerhüte und Nähringe (auch solche, welche mit einem anderen Metalle als Eisen gefüttert sind), Feuerstahl, Schnallen, Türklinken, Feuerschaufeln, Feuerzangen, Schüreisen, Türangeln, Gartenscheren, Spezerei-, Grütze- und Kaffeemühlen (auch mit hölzernen Kasten) u. Fleischmühlen zum Gebrauch im Haushalt, Schubladen- und Kistengriffe, Knöpfe zu Schubladen u. dergleichen, Rollen zu Möbeln, Wiegemesser, Riegel, Scheren (ganz unpolierte), Plätteisen, Fenster- und Türenbeschlag, vorgearbeitete Schlüssel, mit oder ohne Griffe	0,25	0,25	**0,33**	1327

Warengruppe	Zollsätze in Kronen pro kg Geltend. Minimaltarif	Neuer Minimaltarif	Neuer Maximaltarif	Norweg. Gesamteinfuhr in dz 1903
23. Eisenarbeiten, nicht besonders genannt:				
a) vergoldete, versilberte oder plattierte	1,00	1,00	**1,30**	2
b) vernickelte oder polierte (zu polierten Waren werden diejenigen gerechnet, bei welchen — wenn auch nur an einzelnen Stellen — die Politur keinen Feilstrich mehr erkennen läßt)	0,50	0,50	**0,65**	141
c) bronzierte, verzinnte, verkupferte, emaillierte, gefirnißte, glasierte, lackierte oder bemalte	0,25	**0,35**	**0,45**	4390
d) andere	0,15	0,15	**0,20**	2146
D. *Blei:*				
1. in Rollen, Stangen u. Platten	frei	frei	frei	4747
2. Röhren, Draht und Nägel, Nietplatten und Nietringe	frei	frei	frei	2606
3. Folie, wie Zinnfolie.				
4. Schrot und Kugeln, siehe Schießbedarf.				
5. andere Waren	0,15	—	—	76
a) **vergoldet oder versilbert**	—	**1,00**	**1,25**	
b) **vernickelt**	—	**0,70**	**1,00**	
c) **lackiert, gemalt oder mit einem anderen ob. nicht aufgeführten Überzug versehen**	—	**0,50**	**0,65**	
d) andere	0,15	0,15	**0,20**	

Warengruppe	Zollsätze in Kronen pro kg			Norweg. Gesamteinfuhr in dz 1903
	Geltend. Minimaltarif	Neuer Minimaltarif	Neuer Maximaltarif	
E. *Zinn:*				
1. in Rollen, Stangen, **Draht** oder Platten, sowie geraspelt	frei	frei	frei	1133
2. Röhren	frei	frei	0,18	0,1
3. andere Waren:				
a) vergoldete, versilberte u. plattierte	1,50	1,50	**2,00**	31
b) vernickelte	1,50	**1,00**	**1,35**	
c) lackierte, bemalte oder mit einem anderen oben nicht genannten Überzug versehen	0,70	0,70	**1,00**	109
d) andere, **darunter Folie**	0,50	0,50	**0,65**	126
F. *Zink:*				
1. in Platten **(auch perforierten)** Bolzen, Stangen	frei	frei	frei	10152
2. Röhren, Nägel, Draht und Saiten	frei	frei	0,06	44
3. andere Waren:				
a) vergoldete, versilberte u. plattierte	1,25	1,25	1,50	13
b) vernickelte	1,25	**0,80**	**1,00**	
c) lackierte, bemalte oder mit einem anderen oben nicht genannten Überzug versehene	0,35	**0,50**	**0,65**	41
d) gegossene Gegenstände, das Stück über 25 kg wiegend, ohne Rücksicht auf den Überzug	0,10	**0,25**	**0,35**	23
e) andere	0,30	0,30	0,45	47

Warengruppe	Zollsätze in Kronen pro kg			Norweg. Gesamteinfuhr in dz 1903
	Geltend. Minimaltarif	Neuer Minimaltarif	Neuer Maximaltarif	
G. *Kupfer, Messing, Bronze, Neusilber und andere Kupferlegierungen,* sowie Aluminium und Nickel:				
1. Platten (**auch perforierte**), Blech, Bolzen, Böden, Stangen, Drahtgewebe, sowie Blöcke	frei	frei	frei	8990
2. Nägel, Spiker, Stifte, Schrauben, Schraubenmuttern, Nietnägel, unpolierte Rohre, Nietringe, Nietplatten	frei	frei	frei	2608
3. Platten, plattierte und versilberte	0,30	0,30	0,35	7
4. Knöpfe, siehe diese.				
5. Draht und Saiten, vergoldet, versilbert oder plattiert . . .	0,50	0,50	0,60	0,5
— Waren daraus, anderweit nicht genannt	2,50	2,50	3,00	0,2
6. Draht und Saiten, andere . .	frei	frei	**0,30**	1311
— Waren daraus, mit oder ohne Verbindung mit anderen Materialien, soweit dieselben nicht unter eine vorgenannte Klasse fallen	0,50	0,50	**0,70**	46
7. Abgüsse von Büsten oder Statuen, über 25 kg schwer	0,25	**0,50**	**0,65**	0,8
8. Schellen, Wagenbüchsen, Tür- u. Fensterbeschläge, Türgriffe, Hähne u. Ventile, Injektoren, **Türangeln,** Schlösser, Messer, Mörser, Rollen zu Möbeln,				

Warengruppe	Zollsätze in Kronen pro kg			Norweg. Gesamteinfuhr in dz 1903
	Geltend. Minimaltarif	Neuer Minimaltarif	Neuer Maximaltarif	
Plätteisen, Fingerhüte, Nähringe, Schnallen, Knöpfe zu Schubladen und dergleichen, Ringe und Haken mit oder ohne Schraubengewinde, Uhrschlüssel, in oder ohne Verbindung mit anderen Materialien:				
im Gewicht bis zu 1 kg . .	0,50	**1,00**	**1,25**	131
schwerere	0,50	0,50	**0,75**	
9. andere Waren:				
a) vergoldete, versilberte, plattierte (einschließlich der oben unter 8 genannten Warenarten, wenn solche in vergoldetem, versilbertem oder plattiertem Zustande eingeführt werden)	2,50	2,50	**3,75**	80
b) vernickelt oder aus Nickel verfertigt, darunter die oben unter 8 genannten Warenarten, wenn vernickelt oder aus Nickel verfertigt, ausgenommen Klingeln, Hähne, Ventile u. Injektoren (Maschinenteile) sowie Schnallen . . .	1,00	1,00	**1,40**	174
c) andere	0,50	0,50	**0,70**	1390
III. *Metalle in Verbindungen,* wie Metalloxyde, Schwefelmetalle,				

Warengruppe	Zollsätze in Kronen pro kg			Norweg. Gesamteinfuhr in dz 1903
	Geltend. Minimaltarif	Neuer Minimaltarif	Neuer Maximaltarif	
Chlor-, Brom-, Jod- und Cyan-Metalle, Legierungen und Amalgame, soweit sie nicht unter andere Tarifsätze gebracht werden können	frei	frei	frei	887
Mineralwasser	frei	frei	**0,05**	352
Meth	0,20	0,20	0,20	404
Tara: Fässer 16%.				
Modelle, zu anderen Zwecken ungeeignet, darunter Abgüsse aller Art, lediglich für öffentliche Sammlungen oder Unterrichtszwecke bestimmt	frei	frei	frei	*22.666 Kr.*
Moschus	frei	frei	frei	
Naturalien aller Art	frei	frei	frei	*5208 "*
Nüsse:				
a) Haselnüsse	0,05	0,05	**0,60**	2364
b) Walnüsse, Paranüsse, sowie andere eßbare Nüsse, nicht anderweit genannt	0,50	0,50	**0,65**	741
Oblaten aller Art, auch Oblaten in Blättern, einschl. unmittelbarer Umschließung	0,80	0,80	**0,80**	5
Öle:				
1. fette:				
a) Olivenöl	0,04	0,04	0,05	3100
Zollkreditlager 1800 kg.				
b) Hanföl, Raps- und Rüböl, Palmöl, Kokosnußöl, Spermaceti-(Walrat-)Öl, Oleïn, Specköl, amerikanisches Öl (oleum ricini), sowie andere				

Warengruppe	Zollsätze in Kronen pro kg			Norweg. Gesamteinfuhr in dz 1903
	Geltend. Minimaltarif	Neuer Minimaltarif	Neuer Maximaltarif	
fette Öle, nicht anderwärts aufgeführt	0,04	0,04	**0,06**	42331
Zollkreditlager mindestens 1800 kg.				
c) Walfischöl, **Tran u. Fischöl**	0,01	0,01	**0,02**	22851
d) **Leinöl,** Baumwollsamenöl (Cottonöl) und Maisöl	0,06	0,06	0,08	davon ausgeführt: 11963 24407
Zollkreditlager 1800 kg.				
e) Butterfarbe	0,06	0,06	0,08	64
f) Haaröle einschl. unmittelbarer Umschließung (Flaschen, Kruken u. dergl.)	1,00	1,00	1,20	1
2. ätherische:				
a) Paraffinöl, Photogen, Holzöl u. ähnliche Leuchtmaterialien, desgl. Petroleum, roh oder gereinigt als Leuchtöl, sowie Petroleumnaphtha (Benzin)	frei	frei	0,05	588.885
b) Terpentin-, Spik-, Wacholder- und Birkenöl, Hirschhorn- und Bernsteinöl	0,07	0,07	0,10	1569
c) andere ätherische Öle einschl. unmittelbarer Umschließung (Flaschen, Kruken u. dergl.)	1,50	1,50	**2,00**	101
3. Harzöle u. a. mineralische Öle, zu Leuchtzwecken nicht verwendbar, sowie Petroleumrückstände*), Vaselin und Wagenschmiere	0,04	0,04	**0,06**	29581
Zollkreditlager 1800 kg.				
Tara: für Nr. 1a, b, c und d, Nr. 2b und Nr. 3: In Fässern oder anderen Ge-				

*) Diese bisher 0,02.

Warengruppe	Zollsätze in Kronen pro kg			Norweg. Gesamt-einfuhr in dz 1903
	Geltend. Minimal-tarif	Neuer Minimal-tarif	Neuer Maxi-maltarif	
binden, einfachen oder doppelten, 18%; in Flaschen oder Gläsern ohne andere Umhüllung 20%; in Flaschen oder Gläsern in einem groben Korb mit Stroh 30%; in Flaschen oder Gläsern in zwei groben Körben mit Stroh 40%; in Flaschen oder Gläsern, in Sägespänen oder anderen ähnlichen Materialien in Kisten verpackt 40%; in Tonkruken 30%; in Tonkruken in einem groben Korbe mit Stroh 40%; in Tonkruken in zwei groben Körben mit Stroh 50%.				
Käse	0,35	0,35	0,45	3055
Käselab, normal, sowie Käsefarbe	0,06	0,06	0,08	223
Papier und **Pappe**, sowie Waren daraus:				
1. Schreib-, Zeichen- und unliniiertes Notenpapier, überhaupt alles Papier, welches zum Schreiben oder Zeichnen geeignet ist, sowohl weißes wie in der Masse gefärbtes; desgleichen in Streifen geschnittenes Papier für die Telegraphie	0,13	0,13	**0,17**	4575
2. Druckpapier, überhaupt alles Papier, welches seiner Art nach zum Drucken dienen kann und nicht unter die vorstehende Klasse fällt, sowohl weißes wie in der Masse gefärbtes	0,03	0,03	0,04	11888

Warengruppe	Zollsätze in Kronen pro kg			Norweg. Gesamteinfuhr in dz 1903
	Geltend. Minimaltarif	Neuer Minimaltarif	Neuer Maximaltarif	
3. Pappe, Pack-, Düten- und Makulaturpapier, sowie Preßpappe, Löschpapier, Filtrierpapier, farbiges **Tapeten**papier	0,03	0,03	**0,04**	60.113 davon ausgeführt: 46.355
4. Verkleidungspapier, **Isolierpapier** und Dachpappe; Papier mit Asphalt, Teer, Glas, Sand, Schiefer, Schmirgel oder dergleichen überzogen oder bestreut	0,01	**0,02**	**0,03**	9477
5. Ornamente von Steinpappe und Asphaltpappe, sowie Rechentafeln	0,10	0,10	0,12	1
6. a) Tapeten	0,20	**0,30**	**0,45**	446
b) Stick-, Strick-, Häkel- und ähnliche Muster und Musterbücher (Journale und Zeitschriften nicht einbegriffen); mit der Maschine liniiertes Papier, Visitenkarten, Billete für Dampfschiffe und dergleichen, **Briefumschläge, sowohl bloß zugeschnittene wie zusammengeklebte, auch innen mit Zeug überzogen; Reklamedrucksachen, Kataloge, Preislisten und ähnliche Drucksachen zum Geschäftsgebrauch,** Bilderrahmen mit oder ohne Glas darüber; Papier mit aufgeklebtem Futter oder an-				

Warengruppe	Zollsätze in Kronen pro kg			Norweg. Gesamteinfuhr in dz 1903
	Geltend. Minimaltarif	Neuer Minimaltarif	Neuer Maximaltarif	
derem Stoff, lackierte Pappe u. Mützenschirme daraus; ferner, soweit sie nicht unter den höheren Zollsatz für lithographische Artikel in drei oder mehr Farben fallen: Düten und Beutel aus Papier und dergl., fertige Photographiekartons, Papierservietten, Musterkarten u. a. Karten aus Pappe, mit Papier überzogen, zum Daraufbefestigen von Waren	{0,15 / 0,20}	**0,25**	**0,35**	3184
c) Blankets, Vignetten, Etiketts, Empfehlungskarten, Anzeigekarten, Gesellschaftsspiele und Glückwunschkarten, soweit sie mit Lithographie, Druck oder dergl. verziert sind **und nicht unter den höheren Zollsatz für Lithographien in drei oder mehr Farben fallen** ..	0,50	0,50	**0,75**	750
Für 6b u. c erfolgt kein Abzug für Schachteln, Papier oder dergleichen Umschläge.				
7. Spielkarten, pro Spiel	0,25	*0,25*	*0,30*	*41203 Spiele*
8. Manuskripte, Papiergeld, Wechsel, Staatspapiere, Aktien und dergleichen Papiere, welche auf einen Geldwert lauten	frei	frei	frei	—
9. Papier, gebunden oder geheftet	0,30	**0,40**	**0,55**	268
10. Karten, Himmels-, Land- und				

Warengruppe	Zollsätze in Kronen pro kg			Norweg. Gesamteinfuhr in dz 1903
	Geltend. Minimaltarif	Neuer Minimaltarif	Neuer Maximaltarif	
Seekarten, sowie Wandkarten zum Schulgebrauch:				
nicht aufgeklebte.........	frei	frei	frei	*18600 Kr.*
aufgeklebte	frei	**0,50**	**0,65**	—
Lithographien u. Photographien, sowie Kupferstiche, Stahlstiche, **Radierungen,** Holzschnitte, **Lichtdrucke** u. dergl., anderweit nicht genannnt, mit oder ohne farbigen Belag:				
a) ungerahmte				
als Zubehör zu gedruckten Werken und mit diesen zugleich eingeführt, wie Bücher				
b) **andere ungerahmte**				
in einer od. zwei Farben..	0,50	0,50	**0,65**	303
in drei oder mehr Farben (darunter auch Öldrucke, ungerahmt)	0,50	**2,00**	**2,60**	
c) eingerahmte, s. Rahmen.				
11. Bücher oder Teile davon sowie Zeitschriften, Noten und andere gedruckte oder geschriebene Sachen, welche nicht oben unter Nr. 6 zur Verzollung angesetzt sind:				
a) ungebundene............	frei	frei	frei	3801
b) gebundene:				
1. aus norwegischem Verlag	0,30	**0,50**	**0,65**	4
2. andere...............	frei	frei	frei	229
12. Andere Waren aus Pappe und				

Warengruppe	Zollsätze in Kronen pro kg			Norweg. Gesamteinfuhr in dz 1903
	Geltend. Minimaltarif	Neuer Minimaltarif	Neuer Maximaltarif	
anderem Papier sowie aus Papiermaché, einschl. unmittelbarer Umschließung	0,70	0,70	1,00	636
13. Andere Arten Papier, welche nicht unter die vorhergehenden Sätze fallen, darunter **Pergamentpapier, gefirnißtes, geöltes oder auf ähnliche Art behandeltes Papier**	0,08	0,08	0,10	1416
Papierabfall oder Papierspäne, **sowie Spulenhülsen und Garnrollen** . .	frei	frei	frei	4354
Regenschirme und Sonnenschirme:				
1. mit Überzug von Seide oder Halbseide	pro Stück *1,50*	*1,50*	*1,80*	*1346 Stück*
2. mit Überzug von anderen Stoffen	*0,50*	*0,50*	*0,60*	*1011 „*
3. **Schirmschienen, lose,** siehe Metalle II, C. 17.				
4. Gestelle ohne Überzug, mit oder ohne Stöcke	pro kg 0,80	0,80	1,00	62
Perlmutter:				
1. unbearbeitet	frei	frei	frei	—
2. bearbeitet:				
a) Knöpfe, siehe diese.				
b) andere Waren, einschl. unmittelbarer Umschließung . .	8,00	8,00	9,00	0,5
Perlen, echte und unechte, darunter auch Glasflüsse:				
a) mit Einfassung von Gold, Silber oder Platina, werden mit der Einfassung gewogen und wie diese verzollt.				

Warengruppe	Zollsätze in Kronen pro kg			Norweg. Gesamteinfuhr in dz 1903
	Geltend. Minimaltarif	Neuer Minimaltarif	Neuer Maximaltarif	
b) andere, in oder ohne Verbindung mit anderem Materiale (Stoffe oder fertige Kleidungsstücke, worin das Zeug die Hauptsache ist, ausgenommen) einschl. unmittelbarer Umschließung . .	2,50	2,50	3,00	15
*Pfeifen*köpfe, Tabakpfeifen, Pfeifenrohre, Pfeifenschläuche, Zigarrenspitzen (ausgenommen von Bernstein) ohne Rücksicht auf das Material, mit oder ohne Beschlag und anderes Zubehör, sowie mit oder ohne Futteral:				
a) Tonpfeifen, **gewöhnliche**	0,10	0,10	0,12	30
Tara: Kisten 17%, Körbe 12%.				
b) andere, einschl. unmittelbarer Umschließung	1,50	1,50	**2,00**	208
Pomade, **Kosmetik, Bartwichse,** Schminke, **Puder, Zahnpulver, Zahnpasta u. ä. Artikel zum Toilettengebrauch, soweit anderweit nicht genannt,** einschl. unmittelbarer Umschließung (Papier, Glas, Kruken u. dergl.)	1,00	1,00	1,20	18
Posamentierwaren:				
1. von Seide allein oder in Verbindung mit anderen Materialien:				
a) Schnüre und Bänder.	5,00	5,00	**7,00**	—
b) andere, **darunter Borten und Blenden**	8,00	8,00	**11,00**	22
2. aus anderen Materialien:				

Warengruppe	Zollsätze in Kronen pro kg			Norweg. Gesamteinfuhr in dz 1903
	Geltend. Minimaltarif	Neuer Minimaltarif	Neuer Maximaltarif	
a) Schnüre und Bänder......	1,60	1,60	**2,00**	—
b) andere, **darunter Borten und Blenden**...........	4,00	4,00	**5,30**	17
Anmerkung. Bei der Verzollung von Posamentierwaren wird für Einlagen, Kartons, Rahmen und dergl. kein Abzug gewährt.				
Kartoffeln:				
a) roh.....................	frei	frei	frei	189321
b) getrocknet................	0,15	**0,20**	**0,25**	52
Putzpomade, flüssig oder fest, (creme und pasta), einschließl. unmittelbarer Umschließung..	—	**0,30**	**0,40**	355
Rahmen mit oder ohne Bilder werden wie Waren aus denjenigen Materialien, aus denen sie hauptsächlich bestehen, verzollt, einschl. des Gewichtes der eingefaßten Bilder, des Glases usw. Sollten solche Rahmen eingehen, welche nach dem Wert zu verzollen sind, so ist auf die eingerahmten Gegenstände keine Rücksicht zu nehmen.				
Bernstein, unbearbeitet..........	frei	frei	frei	0,06
Waren daraus................	6,00	6,00	7,20	0,06
Abzug im Gewicht für Schachteln, Futterale, Kartons und Papierumschläge wird nicht gewährt.				
Reisekoffer, Reisetaschen, Mantelsäcke, Hutfutterale, Handtaschen u. dergl. zum Reisegebrauch:				

Warengruppe	Zollsätze in Kronen pro kg			Norweg. Gesamteinfuhr in dz 1903
	Geltend. Minimaltarif	Neuer Minimaltarif	Neuer Maximaltarif	
a) aus Leder oder mit Leder überzogen	2,00	2,00	2,50	43
b) aus Wachstuch, Wolle, Baumwolle, Hanf oder Flachs und dergleichen, in oder ohne Verbindung mit Leder oder anderen Materialien	0,80	**1,00**	**1,30**	46
Reis:				
1. ungeschälter, im Schiffe in loser Schüttung		pro dz		
	3,90	*3,90*	***5,00***	—
		pro kg		
in Verpackung	0,05	0,05	**0,07**	6607
Zollkreditlager 2400 kg.				
2. geschälter	0,07	0,07	**0,09**	12622
Zollkreditlager 1500 kg.				
3. Reisgries und Reismehl	0,10	0,10	**0,15**	23573 davon ausgeführt: 3207
Zollkreditlager 1200 kg.				
Anmerkung. Wenn geschälter und ungeschälter Reis zusammengemischt eingeführt wird, so ist die Ware nach einer vom Zolldepartement abzufassenden Formel für die Zollbehandlung von Reis in Mischung zu verzollen.				
		pro dz		
4. Reiskleie	*0,30*	*0,30*	*0,80*	3183
Rogen, eingelegt, Kaviar, s. Eßwaren unter: Tiere.				
		pro kg		
—, anderer	frei	frei	frei	615
Wurzeln, eßbare, siehe Gemüse.				
—, Cichorien- und Löwenzahnwurzeln und Runkelrüben, ungebrannt	0,05	0,05	0,05	1907
—, gebrannte und andere als Kaffeeersatzmittel verwendbare gebrannte Wurzeln wie gebrannter Kaffee.				

Warengruppe	Zollsätze in Kronen pro kg Geltend. Minimaltarif	Neuer Minimaltarif	Neuer Maximaltarif	Norweg. Gesamteinfuhr in dz 1903
Räucherpulver u. Räucherpapier einschließlich unmittelbarer Umschließung	1,20	1,20	1,45	0,35
Rohr, Bambus, spanisches Rohr und dergl., sowohl gespaltenes wie ungespaltenes, darunter Rohr zum Gipsen	frei	frei	frei	1125
Flechtwaren daraus	0,60	**0,75**	**1,00**	13
Körbe, siehe diese.				
Alles nicht geflochtene Rohr, worauf mehr Arbeit verwendet ist, als Zerschneiden in bestimmte Längen (darunter auch vorgearbeitete Spazier-, Regen- und Sonnenschirmstöcke)	—	**0,30**	**0,40**	unter Spazierstöcke
Saft, von Früchten oder Beeren:				
1. süß eingemacht	0,75	0,75	0,90	3
2. anderer, hierunter auch Most, **Zider u. a. Fruchtweine,** sowie Saft, welcher bis zu 12 % Alkohol enthält	0,50	0,50	0,60	50
Sofern sich bei der Untersuchung herausstellt, daß der Saft über 12 %, aber nicht über 18 % Alkohol enthält, wird für jedes Prozent Alkohol, welches der Saft über 12 % enthält, ein Zuschlag von 2,75 Öre pro kg erhoben.				
Saft, welcher über 18 % Alkohol enthält, wird wie Branntwein von 100 % Stärke verzollt				18
Tara: Fässer 16 %.				

Warengruppe	Zollsätze in Kronen pro kg			Norweg. Gesamteinfuhr in dz 1903
	Geltend. Minimaltarif	Neuer Minimaltarif	Neuer Maximaltarif	
*Sago*gries und Sagomehl, Salep, pulverisierte Arrowroot, Tapiokagries und Tapiokamehl	0,15	0,15	**0,20**	5228
Zollkreditlager 900 kg.				
Tara: Kisten 16%.				
Salz:				
		pro hl		
1. Kochsalz, sowohl rohes wie gereinigtes	frei	frei	***0,30***	*1431095 hl*
		pro kg		
2. **Alaun**	frei	frei	**0,02**	2053
3. **Borax**	frei	frei	**0,05**	530
4. **Chlorsaures Kali**	frei	frei	**0,10**	1269
5. **Glaubersalz**	frei	frei	**0,01**	27591
6. **Pottasche**	frei	frei	**0,05**	5381
7. **Salpeter**	frei	frei	**0,05**	2452
8. **Soda**	frei	frei	**0,01**	42708
9. **Gesundheitssalz**	frei	**0,20**	**0,30**	47
10. **Zinnsalz**	frei	frei	**0,20**	4
11. **Vitriol**	frei	frei	**0,02**	671
12. andere Salze, soweit sie nicht unter einen anderen Tarifsatz fallen	frei	frei	**0,05**	14506
Segel, wie das Material, mit einem Zuschlag von 0,05 Kr. pro kg.				
Anmerkung. Falls die Segel aus Geweben verfertigt sind, welche nach dem Gewicht des halben Meters im Quadrat verschiedenen Zollsätzen unterliegen, und dieses Gewicht nicht mit der erforderlichen Genauigkeit ermittelt werden kann, so sind die Segel nach dem Zoll des höchstbesteuerten Gewebes, aus dem sie bestehen, zu verzollen.				
Siebe und Durchschläge	0,50	0,50	0,60	8

Warengruppe	Zollsätze in Kronen pro kg			Norweg. Gesamteinfuhr in dz 1903
	Geltend. Minimaltarif	Neuer Minimaltarif	Neuer Maximaltarif	
Seide und Seidenwaren, sowie Waren von anderen Spinnstoffen in Verbindung mit Seide, darunter künstliche Celluloseseide:				
1. Seide, gezwirnt und ungezwirnt, sowohl gefärbt wie ungefärbt, in oder ohne Verbindung mit anderen Spinnstoffen	2,00	2,00	3,00	65
2. Blonden, Spitzen, gestickte Festons, Einsätze und dergl., Bobbinet und Tüll von Seide oder von Seide in Verbindung mit anderen Spinnstoffen	15,00	15,00	**22,50**	10.
3. Posamentierwaren, siehe diese.				
4. Beuteltuch	5,00	5,00	5,00	2
5. andere Waren:				
a) aus Seide allein oder mit eingewebtem Metalldraht...	8,00	8,00	**12,00**	159
b) **aus Halbseide**	4,00	4,00	**6,00**	293
Anmerkung 1. **Findet sich in seidenen Geweben ein anderer Spinnstoff in unbedeutender Menge, so sind sie dessenungeachtet als reiner Seidenstoff zu verzollen. Gleichermaßen werden seidene Stoffe als reine Seide verzollt, wenn die rechte Seite ganz aus Seide besteht, auch wenn die Kehrseite anderen Spinnstoff aufweist.**				
Anmerkung 2. **Als Halbseide werden alle anderen Stoffe angesehen, worin Seide zu einem gewissen Teil enthalten ist.** Doch werden Stoffe, welche Fäden mit eingesponnenen Seiden-				

Warengruppe	Zollsätze in Kronen pro kg			Norweg. Gesamteinfuhr in dz 1903
	Geltend. Minimaltarif	Neuer Minimaltarif	Neuer Maximaltarif	
fasern enthalten, die nicht die ganze Fadenlänge einnehmen, wie der Grundstoff verzollt.				
Anmerkung 3. Genähte, gestickte oder mit anderer Verzierung versehene Stoffe werden wie Kleider verzollt.				
Binsen, unbearbeitet	frei	frei	frei	1120
Waren daraus:				
a) Packmatten	frei	frei	frei	13
b) Besen u. Bürsten, siehe Bürstenbinderwaren.				
c) Körbe, siehe diese.				
d) Seile	0,05	**0,07**	**0,10**	—
e) andere Waren	0,10	**0,15**	**0,20**	39
Schiffe und Fahrzeuge mit Inventar, ausgenommen die unter „Boote" genannten	frei	frei	frei	*82626 Reg.-to*
Schildpattschale, unbearbeitet	frei	frei	frei	—
Waren daraus, wie Hornwaren.				
Felle und Häute:				
A. Behaarte, anderweit nicht aufgeführte:				
a) unzubereitete:				
1. getrocknete	frei	frei	frei	6710
2. grüne	frei	frei	frei	18297
b) zubereitete, wie zubereitete Felle für Kürschnerwaren.				
B. Unbehaarte:				
I. rohe u. unzubereitete, gesalzene	frei	frei	frei	909
II. **andere, per Stück im Gewicht von:**				

Warengruppe	Zollsätze in Kronen pro kg			Norweg Gesamteinfuhr in dz 1903
	Geltend. Minimaltarif	Neuer Minimaltarif	Neuer Maximaltarif	
1. mehr als 2 kg:				
a) lohgare, zubereitete und unzubereitete, anderweit nicht genannt (hierunter Sohlleder u. Brandsohlenleder sowie Kunstleder)	0,30	**0,35**	**0,45**	9120 davon ausgeführt: 481
Zollkreditlager 200 kg.				
b) lackierte, Roß-, Schmier-, Ober-, Plattleder u. dergl., gefärbt und ungefärbt...	0,50	0,50	**0,70**	1025
Anmerkung 1. Ausgeschnittene Bauch-, Bein-, Kopf- und Halsstücke werden nach lit. a oder b ohne Rücksicht auf das Gewicht der Stücke verzollt.				
Anmerkung 2. Zugeschnittene Sohlen und Teile solcher werden nach lit. a und b mit einem Zuschlag von 50 % verzollt.				
2. **1—2 kg:**	1,00	1,00	**1,30**	602
3. **unter 1 kg:**				
a) Handschuhleder, alaungar oder sämischgar, gefärbt und ungefärbt.........	1,25	1,25	1,50	38
b) anderes..............	1,00	**1,50**	**2,00**	bisher unter Nr. 2
III. Waren daraus:				
1. Handschuhe, s. diese.				
2. Sattlerwaren, anderweit nicht genannt:				
a) mit Beschlag, vergoldet, versilbert oder plattiert..	2,00	**4,00**	**5,00**	1. IV. bis 31. XII. 1,7
b) —, **vernickelt oder von Hartgummi**.........	2,00	2,00	2,50	

Warengruppe	Zollsätze in Kronen pro kg Geltend. Minimal-tarif	Neuer Minimal-tarif	Neuer Maxi-maltarif	Norweg. Gesamt-einfuhr in dz 1904
c) andere:				
1. Sättel, Peitschen, Reit- und Fahrpeitschen....	1,50	1,50	**2,00**	18
2. andere, hierunter Bruchbänder.............	0,80	**1,00**	**1,30**	61
3. Schuhmacherwaren:				
a) aus Seidenzeug oder Zeug, in welchem sich Seide befindet................	6,00	6,00	**7,80**	0,26
b) aus anderem Zeug oder aus Filz*)............	3,00	**1,75**	**2,20**	bisher unter c und d
c) aus Lack-, Chagrin-, Bronze-, alaungarem, gefirnißtem oder gefärbtem Leder, in oder ohne Verbindung mit anderen Ledersorten...............	3,00	**4,50**	**6,00**	205
d) **von Leder jeder Art (außer Schmierleder) anders behandelt**	1,75	**2,00**	**2,50**	82 (d und e)
e) **Seestiefeln oder anderes Schuhzeug aus Schmierleder**................	—	**1,50**	**2,00**	
f) **Schuhzeug aller Art mit Holzsohlen**...........	0,30	0,30	**0,40**	10
Anmerkung. Genähte Oberteile zu Schuhzeug werden wie Schuhmacherwaren verzollt.				
4. Portefeuillearbeiten, siehe Etuis.				
5. anderweit nicht aufgeführte				

*) Für Filzschuhe Zoll bisher 0,30 Kr.

Warengruppe	Zollsätze in Kronen pro kg			Norweg. Gesamteinfuhr in dz 1903
	Geltend. Minimaltarif	Neuer Minimaltarif	Neuer Maximaltarif	
Waren erlegen den Zoll wie die Felle oder Häute, woraus sie bestehen, mit 50 % Aufschlag.				163
C. Mit Haar- und Federdecke für Kürschnerarbeiten:				
a) unzubereitete **aller Art** ...	frei*)	frei	frei	672
b) zugerichtete, lose oder zusammengenähte:				
1. Pennsylvaniafelle, Zobel-, Marder-, Schwarz-, Silber- und Blaufuchsfelle	4,00	**8,00**	**10,00**	224
2. Biber, Iltis, Chinchilla, Nerz und Skunk	2,00	**5,00**	**7,00**	
3. andere Arten	0,60	**1,50**	**2,00**	
c) Waren daraus: Kürschnerwaren, darunter Mützen, aus Zobel-, Marder- und Pennsylvaniafell, werden wie zugerichtete Felle mit **200** % Aufschlag verzollt. Pelze und Kleidungsstücke mit Pelz gefüttert, sowie andere Kürschnerwaren, verbunden mit Tuch oder anderem Materiale, werden nach dem Gesamtgewicht als Kürschnerwaren verzollt.				50
D. Abfall von Fellen und Häuten	frei	frei	frei	16
Appreturmehl	frei	frei	frei	210

*) Teilweise 0,50 bezw. 2,00 Kr. Zoll.

Warengruppe	Zollsätze in Kronen pro kg			Norweg. Gesamteinfuhr in dz 1903
	Geltend. Minimaltarif	Neuer Minimaltarif	Neuer Maximaltarif	
Butter aller Art (darunter auch die im Gesetz vom 8. März 1902, § 4, behandelte Margarine	0,15	0,15	0,25	2970
Zollkreditlager 250 kg.				
Tara: Fässer 18%.				
Pilze, eßbare, wie Champignons, Morcheln, Trüffeln u. a., einschl. unmittelbarer Umschließung ..	—	0,60	**1,00**	79
Arbeiten aus Span:				
1. Fußmatten	0,15	0,15	0,18	8
2. Hüte u. Mützen, siehe Hüte.				
3. Hutformen, Hutköpfe u. Krempen, siehe Hüte.				
4. Körbe, siehe diese.				
5. andere Waren	0,30	0,30	0,50	53
Spazierstöcke aller Art, und Angelruten	1,50	**2,00**	**2,50**	24
Spiegel	0,30	**0,45**	**0,60**	423
Steine und Waren daraus:				
1. echte oder unechte Steine, geschliffen oder poliert:				
a) in Gold oder Silber gefaßte werden mit der Einfassung gewogen und wie diese verzollt.				
b) in oder ohne Verbindung mit anderen Metallen als den unter a genannten, wie Bijouteriewaren unter Metalle.				
2. Mühlsteine	frei	frei	frei	*234 Stück*
3. Wetzsteine	0,02	0,02	0,02	263
4. Schleifsteine	frei	frei	frei	*9487 Stück*

Warengruppe	Zollsätze in Kronen pro kg			Norweg. Gesamteinfuhr in dz 1903
	Geltend. Minimaltarif	Neuer Minimaltarif	Neuer Maximaltarif	
5. Schreib-Tafeln und Griffel ...	0,01	0,01	0,01	1108*)
		pro dz		
6. Zement, **Traß u. dergl.**	*0,50*	*0,50*	***0,75***	179055
7. **Fliesen und Röhren aus Zement**	—	***0,75***	***1,00***	577
8. Abgüsse und Formen:				
a) aus Zement	*1,00*	*1,00*	*1,30*	
		pro kg		
b) aus Gips, Kreide oder dergl.	0,10	**0,15**	**0,20**	39
9. Waren aus Marmor, Porphyr, Syenit, Granit, Labrador, Sandstein u. a. ähnlichen Steinarten:				
a) Pflastersteine oder roh behauene Blöcke	frei	frei	frei	98442
b) andere Waren von oben genannten Steinarten im Gewicht von mehr als 3 kg das Stück, sowie polierte und unpolierte Platten	0,03	**0,05**	**0,07**	3588
c) andere Waren aus oben genannten Steinarten, sowie aus Alabaster, Kalipasta u. dergl.	0,30	**0,40**	**0,55**	33
10. alle anderen Sorten, hierunter **Schiefer, Asbest**, Gips, Kalk oder dergl., ebenso pulverisierter, gemahlener, geschlemmter oder auf andere Weise zubereiteter Stein, sowie Lithographensteine	frei	frei	frei	*Kr.**) 7136200*

*) Einschl. Schiefer.

**) Einschl. schwedisch. Eisenstein im Transit.

Warengruppe	Zollsätze in Kronen pro kg			Norweg. Gesamteinfuhr in dz 1903
	Geltend. Minimaltarif	Neuer Minimaltarif	Neuer Maximaltarif	
Steinkohle, hierunter Steinkohlenasche (Cinders) und Kokes	frei	frei	frei	*hl* *20.086.974*
— bearbeitete, wie geschliffene oder polierte Steine.				
Stärke u. Stärkegummi (Dextrin), sowie Kartoffelmehl, alles einschl. unmittelbarer Umschließung	0,10	0,10	0,12	13578
Stroh und Halme:				
1. unbearbeitet	frei	frei	frei	5299
2. Waren daraus:				
a) Blumen, siehe diese.				
b) **Körbe, siehe diese.**				
c) Packmatten	frei	frei	0,05	13
d) Seile	0,05	**0,07**	**0,10**	13
e) Fußmatten u. a. ähnliches grobes Flechtwerk sowie Strohhülsen für Flaschen ...	0,10	**0,15**	**0,20**	6
f) Hüte u. Mützen, siehe Hüte.				
g) anderes Flechtwerk als vorerwähnt, Bänder, sowie andere Strohwaren	0,50	0,50	0,60	83
Saiten, Darmsaiten und Saiten von Seide, übersponnen oder nicht, sowie Darmschnüre	1,20	1,20	1,50	6
von Metall, siehe Metalle.				
Abzug für Einlagen, Schachteln, Papier und dergl. Umschläge wird nicht gewährt.				
Zucker und Syrup:				
1. Zucker aller Art, worunter aufgelöster Zucker und anderer flüssiger Zucker (also auch Saft,				

Warengruppe	Zollsätze in Kronen pro kg Geltend. Minimal-tarif	Neuer Minimal-tarif	Neuer Maxi-maltarif	Norweg. Gesamt-einfuhr in dz 1903
ehe der Zucker ausgeschieden ist), welcher nicht als gewöhnlicher Syrup oder Melasse angesehen werden kann; Trauben- und Stärkezucker, sowie Trauben- und Stärkesyrup	0,20	0,20	0,30	378.859 davon ausgeführt: 3610
Zollkreditlager 400 kg.				
Tara: Für Papier mit oder ohne Bindfaden keine Tara. Fässer: Raffinade in Broten, aufgelöster oder anderer flüssiger Zucker, Trauben- und Stärkezucker 12%; anderer Zucker 9%.				
2. Syrup:				
a) gewöhnlicher Syrup und Melasse	frei	frei	0,05	132.275
Anm. Soweit gewöhnlicher Syrup sich mit Stärkesyrup (Glycose) in größeren Mengen als 25% versetzt findet, ist die Ware als Stärkesyrup zu verzollen. Die Menge des zugesetzten Stärkesyrups wird auf eine vom Finanz- und Zolldepartement anzuordnende Methode festgestellt.				
b) Kapillar-, Maulbeer-, Rosen-, Veilchen- u. a. ähnlicher Syrup, sowie **Zuckercouleur für Branntwein u. a. Getränke**	0,55	0,55	0,65	465
Konfitüren, darunter **Schokoladenkonfekt,** Drops, Marzipanmasse und andere ähnliche Konfitüren einschl. unmittelbarer Umschließung	0,50	0,50	**0,70**	356

Warengruppe	Zollsätze in Kronen pro kg			Norweg. Gesamt-einfuhr in dz 1903
	Geltend. Minimal-tarif	Neuer Minimal-tarif	Neuer Maxi-maltarif	
Schwämme (Waschschwämme)	3,00	3,00	3,00	13
Schwefel und Schwefelblüte	frei	frei	**0,02**	111.332
Schwärze:				
1. Buchdruckerschwärze und u. a. Druckerschwärze	0,05	0,07	**0,10**	614
2. Stiefelschmiere, Wichse und andere Lederschwärze, **sowie Ofenschwärze,** alles einschl. unmittelbarer Umschließung ..	0,10	**0,15**	**0,20**	1240
Säuren:				
1. **Kohlensäure, flüssige** ...... **Tara 65%. Von den Stahlflaschen, worin die Ware eingeführt wird, wird der Zoll für „Retorten" erhoben, siehe unter Metalle C II 16.**	0,05	**0,06**	**0,10**	144
2. **Schwefelsäure**	frei	**frei**	**frei**	26478
3. andre Säuren, soweit sie nicht unter einen anderen Tarifsatz fallen	frei	frei	frei	1821
Seife:				
1. grüne Seife	0,05	0,05	0,06	174
2. Transparentseifen mit oder ohne Parfüm, parfümierte Seifen, sowie andere Seife in Kugel-, Figuren- oder ähnlicher Form, sowie **Seife in Schachteln, Dosen und Kruken,** einschl. unmittelbarer Umschließung ..	0,50	0,50	**0,70**	264
3. andere Sorten, darunter gewöhnliche Waschseife	0,10	0,10	**0,14**	1343

Warengruppe	Zollsätze in Kronen pro kg Geltend. Minimaltarif	Neuer Minimaltarif	Neuer Maximaltarif	Norweg. Gesamteinfuhr in dz 1903
Säcke, genähte, anderweit nicht genannt:				
a) aus Flachs, Hanf oder Jute	0,12	0,12	0,12	1113
b) andere, wie Waren aus dem betreffenden Material.				
Reißzeuge	1,00	1,00	1,50	11
Abzug vom Gewicht für Etuis, Kästen, Futterale, Papier oder dergl. Umschläge wird nicht gewährt.				
Tee	2,00	2,00	2,00	1129 davon ausgeführt: 51
Zollkreditlager 60 kg.				
Tara für Kisten, deren Bruttogewicht 50 kg nicht übersteigt: mit Blei ausgeschlagen 22%; andere Kisten 16%.				
Teer, von Holz, **Torf** oder Steinkohle, sowie **Teeröl,** hierunter Kreosotöl, **Kohlenöl, rohe Karbolsäure u. dergl. Teerdestillate**	frei	frei	0,03	25.427
Teerkompositionen und Firnißteer, sowie bright und **black** varnish **nebst Karbolineum u. ähnlich zusammengesetzte Teerstoffe** . .	0,02	0,02	**0,04**	2066
Tabak:				
Stengel	2,25	2,25	3,00	—
Blätter, unsaucierte, u. Karotten .	2,25	2,25	**3,00**	17495 davon ausgeführt: 868
Zollkreditlager 150 kg.				
saucierte	2,25	2,25	**3,00**	—
Tara für die drei vorstehenden Nummern: Häute: 8%, Binsenmatten bis zu 150 kg mit oder ohne Packleinwand 10%; Körbe 3%; Packleinwand 2%; Fässer: bei der Einfuhr				
a) von einem europäischen Orte 8%,				

Warengruppe	Zollsätze in Kronen pro kg Geltend. Minimal-tarif	Neuer Minimal-tarif	Neuer Maxi-maltarif	Norweg. Gesamt-einfuhr in dz 1903
b) von einem außereuropäischen Orte 12%.				
Tabaksauce	0,55	0,55	**0,75**	70
Schnupftabak	3,80	3,80	5,00	3,5
Tara: In Flaschen und Kruken 50%; andere Emballage 15%.				
Zigarren und Zigaretten	6,00	6,00	**8,00**	1017
Zigaretten werden einschl. Papier, Schachteln, Dosen u. dergl. unmittelbarer Umschließung verzollt. Holzkisten, worin Zigarren verpackt sind, werden verzollt wie „Zigarrenkisten und Zigarrenkistenbretter"; **andere Emballagen, wie das Material, woraus sie hergestellt sind.**				
Rauch-, Kautabak und alle anderen fabrizierten Tabake	2,70	2,70	4,00	336 davon ausgeführt: 90
Tara: Fässer und Kisten 20%. Für Papier, Schachteln, Dosen u. dergl., worin der Rauch- und Kautabak verpackt ist, wird keine Tara vergütet.				
Torpedos sowie elektrische Apparate zum Gebrauch für Unterwasserminen	frei	frei	frei	*1145 Kr.*
		pro dz		
Torf und Torfstreu	0,50	*0,50*	*0,50*	1897
Holz und Holzwaren:				
1. Tablets, Schalen, Dosen, Gestelle zu Tafelaufsätzen (plats de ménage), Näh- u. Barbierkästen ohne Näh- und Barbiergeräte u. dergl. kleinere Gegen-				

Warengruppe	Zollsätze in Kronen pro kg: Geltend. Minimaltarif	Neuer Minimaltarif	Neuer Maximaltarif	Norweg. Gesamteinfuhr in dz 1903
stände, alles, soweit das Gewicht nicht 1,5 kg übersteigt				
a) lackierte und polierte	0,40	**0,60**	**0,75**	} 430
b) andere	0,40	0,40	**0,60**	
2. Geschnitzte Gegenstände (Kunstholzschnitzarbeit), auch Gegenstände der obengenannten Art, das Stück nicht schwerer als 1,5 kg	4,00	4,00	4,80	0,75
3. Geschnitzte Arbeiten, die nicht unter 2 fallen, sowie **Spiegelrahmen von mindestens 1 m Höhe**, wie Möbeltischlerarbeiten.				
4. **Profilierte Leisten**	—	**0,20**	**0,25**	bisher unter Nr. 11 g
5. Echte und unechte vergoldete Stangen, Leisten und Rahmen; gegipste, ornamentierte, polierte, **vernierte** oder lakierte Leisten und Rahmen	0,30	0,30	**0,40**	292
6. Gerätschaften und Werkzeuge, wie Gerätschaften, siehe unter Metalle.				
7. Drechslerwaren mit oder ohne Beschläge, Ringe u. dergl. (auch solche von Kokos- und anderen Nüssen), sowie Säulen, ganz oder teilweise gedrehte:				
1. unpolierte:				
a) Blöcke, Garnrollen **und Spulen**	frei	frei	frei	103
b) andere	0,25	0,25	0,40	168

Warengruppe	Zollsätze in Kronen pro kg			Norweg. Gesamteinfuhr in dz 1903
	Geltend. Minimaltarif	Neuer Minimaltarif	Neuer Maximaltarif	
2. polierte, gefirnißte; Federhalter von Holz; alles einschl. unmittelbarer Umschließung	0,50	0,50	0,70	69
8. geflochtene Arbeiten aus Zweigen oder Weiden, siehe Körbe.				
9. Möbeltischlerarbeiten, sowie Teile solcher				
a) aus Birnbaum, **Jakaranda,** Nußbaum, Mahagoni, u. a. ausländischen Holzsorten, sowie mit solchen furnierte echt oder unecht vergoldete Waren ohne Rücksicht auf die Holzart:				
1. Tische, Sofas und Stühle, ungepolstert, **sowie Konsolen u. Spiegelrahmen von mindestens 1 m Höhe**	0,50	**0,60**	**0,75**	92
2. andere	0,35	**0,40**	**0,50**	242
b) aus Eichen-, Eschen- oder **Buchenholz**, sowie auch hiermit furnierte Waren, mit oder ohne Polsterung	0,30	0,30	0,40	193
c) aus Fichten- oder Tannenholz:				
1. ohne Bemalung, Lackierung oder Furnierung, sowie ohne Schnitzerei oder Polsterung	0,05	0,05	0,06	21
2. andere	0,20	0,20	0,25	106
d) von **Birkenholz** u. anderen nicht genannten inländischen				

Warengruppe	Zollsätze in Kronen pro kg			Norweg. Gesamteinfuhr in dz 1903
	Geltend. Minimaltarif	Neuer Minimaltarif	Neuer Maximaltarif	
Holzarten, sowie mit diesen Holzarten furnierte Waren, gepolstert oder ungepolstert	0,20	0,20	0,25	590
Ist die Arbeit aus verschiedenen Holzarten zusammengesetzt, so wird die Arbeit nach der Holzsorte verzollt, welche dem höchsten Zollsatz unterliegt. Möbel mit Bezügen aus Seide oder aus Seide in Verbindung mit anderen Materialien erlegen einen Zuschlag von 30%; mit anderen Bezügen versehen einen solchen von 15%.				28
10. bearbeitete Faßdauben u. andere Böttcherwaren:				
a) **eichene**	0,05	**0,10**	**0,13**	205
b) **andere**	0,05	0,05	**0,07**	
Anmerkung. Zu den bearbeiteten Dauben werden nur solche gerechnet, welche gehobelt und gefalzt sind — mit oder ohne Kreuzung, d. h. mit Einschnitt für den Boden versehen, — sowie die zu diesen Dauben gehörenden Bodenstücke oder die zusammengesetzten Böden. Dagegen gehören nicht hierher Dauben und Böden von Fässern, welche als Emballage für Fett- und Ölwaren gedient haben.				
11. Alle anderen Holzwaren, welche nicht anderwärts aufgeführt sind:				

Warengruppe	Zollsätze in Kronen pro kg			Norweg. Gesamteinfuhr in dz 1903
	Geltend. Minimal-tarif	Neuer Minimal-tarif	Neuer Maxi-maltarif	
a) Zigarrenkisten und Zigarrenkistenbretter	0,10	**0,20**	**0,25**	505
b) Packkisten	0,03	0,03	0,05	13
c) Holzriemenscheiben	*5 %*	*5 %*	*10 %*	*1189 Kr.*
d) Wäscheklammern	0,25	0,25	0,35	2
e) Stöcke zu Regen- u. Sonnenschirmen, sowie vorgearbeitete Spazierstöcke, auf welche mehr Arbeit verwendet ist, als Zerschneiden in bestimmte Längen	0,80	**0,30**	**0,40**	
f) Hölzerne Krücken zu Regen- und Sonnenschirmen und Spazierstöcken	1,00	1,00	1,20	7
g) andere bearbeitete	0,07	**0,15**	**0,20**	16033 davon ausgeführt: 4973
h) unbearbeitete, die nur als Rohmaterial angesehen werden können, hierunter einbegriffen Platten und Furniere, sowie Faßbänder	frei	frei	frei	*5.452.700 Kr.* *)
Bäume, Sträucher, Blumenpflanzen und Blattpflanzen, lebende	0,10	0,10	**0,15**	3176
Abzug im Gewicht für Kübel oder Kruken mit Erde wird nicht gewährt.				
Für die äußere Verpackung, Körbe, Bastmatten dergl. wird eine Tara von 25 % des Bruttogewichts berechnet.				
Holzstoff, Cellulose, Pulpe u. dergl.	frei	frei	frei	401206**)
—, **Waren daraus, wie die gleichen Gegenstände aus Holz.**				

*) Davon schwedische Holzlast *4.224.200 Kr.*
**) Schwedische Transitware.

Warengruppe	Zollsätze in Kronen pro kg			Norweg. Gesamteinfuhr in dz 1903
	Geltend. Minimaltarif	Neuer Minimaltarif	Neuer Maximaltarif	
Zeuge:				
1. durchbrochene, bemalte, lakkierte, gefirnißte, mit Kautschuk, Guttapercha oder Öl getränkte oder bearbeitete Waren; desgl. Zeuge mit einem Überzuge aus Papiermasse:				
a) Schmirgel- u. Sandleinwand	frei	frei	frei	100
b) Fußbodenteppiche, Presennings (wasserdichte Pläne); andere Waren, im Gewicht von 470 g und mehr pro 1/4 qm	0,15	**0,18**	**0,25**	323
c) Rouleaux	1,10	1,10	1,30	3,6
d) Wachstaffet u. andere Waren, deren Stoff ganz oder zum Teil aus Seide besteht	2,50	2,50	2,50	0,6
e) Wachstuch u. andere Waren, welche nicht unter eine der voranstehenden vier Klassen fallen	0,60	0,60	0,75	911
2. genähte oder auf andere Weise zusammengefügte, anderweit nicht genannte Zeuge, desgl. mit Stickerei oder anderem Putz versehene, wie Kleider.				
Uhren:				
1. Damen- u. Taschenuhren, hierunter Taschenchronometer, **in Gehäusen von:**				

Warengruppe	Zollsätze in Kronen pro Stück			Norweg. Gesamteinfuhr in dz 1903
	Geltend. Minimaltarif	Neuer Minimaltarif	Neuer Maximaltarif	
		pro Stück		
a) **Gold**	*5,00*	*5,00*	*5,00*	*29.170 Stück*
b) **Silber**	*2,00*	*2,00*	*2,00*	
c) **anderen Stoffen**	*1,00*	*1,00*	*1,00*	
		pro kg		
2. Tafeluhren	1,00	1,00	1,25	3,3
jedoch pro Stück nicht mehr als	—	***12,—***	***15,—***	
3. Turmuhren und Teile davon, wie das verarbeitete Material.				
4. andere Uhren	0,70	0,70	0,80	179
5. Uhrgehäuse von Holz	0,60	0,60	0,75	114 (1. IV. bis 31. XII.)
6. Zifferblätter zu den unter Nr. 4 genannten Uhren...........	0,70	0,70	0,80	0,7
7. Uhrgewichte, wie das verarbeitete Material.				
8. Andere Uhrbestandteile; desgl. zusammengesetzte Uhrwerke ohne Gehäuse	1,00	1,00	1,20	61
Wolle und Wollwaren:				
1. Wolle und Shoddy, sowie Abfall von Wolle.............	frei	frei	frei	11728
2. Watte	0,06	0,06	0,10	0,9
3. Wollengarn:				
a) ungefärbt...............	0,15	**0,20**	**0,25**	4733
b) gefärbt und meliert; ferner alles Garn in Verbindung mit Metalldraht	0,25	**0,30**	**0,40**	6003
Tara: für a und b: Auf Rollen und Spindeln von Holz oder Metall 50%: für Einlagen von Papier wird kein Zoll berechnet.				

Warengruppe	Zollsätze in Kronen pro kg			Norweg. Gesamt. einfuhr in dz 1903
	Geltend. Minimal-tarif	Neuer Minimal-tarif	Neuer Maxi-maltarif	
4. Filz und Preßtuch zu technischem Gebrauch; Filze für Papiermaschinen, Tuchleisten. .	frei	frei	frei	999
—, Kesselfilz, wie Kesselfilz von Haar.				
— anderer Filz.	1,00	1,00	1,30	100
5. Fußbodenteppiche und Teppichzeug	0,50	**0,60**	**0,75**	719
6. Sattelgurt- und Bauchgurtstoff	0,50	0,50	0,60	
7. Hüte, siehe diese.				
8. Wirkwaren, gestrickt, gehäkelt, filiert oder gewebt, gefärbt und ungefärbt; auch fertige Kleidungsstücke, wenn sie auch mit Knöpfen, Prisen, Einfassungen, Bändern u. dergl. von einem höher als die Kleidungsstücke selbst verzollten Material versehen sind:				
a) Strümpfe, Unterjacken, Handschuhe, grobe	0,50	**0,75**	**1,00**	164
b) mit Stickerei oder Seide, Blonden, Spitzen u. dergl. oder Seidenfutter versehen. .	2,25	2,25	3,00	5
c) andere, darunter alle Arten Wollenschals	1,30	**1,50**	**2,00**	260
Anmerkung. Zu groben Strümpfen werden nur diejenigen gerechnet, welche bei einer Länge von 60 cm von der Ferse **einschließlich** ab 200 g oder mehr per Paar wiegen, bei anderer Länge in demselben Verhältnis; zu groben Hand-				

Warengruppe	Zollsätze in Kronen pro kg			Norweg. Gesamt-einfuhr in dz 1903
	Geltend. Minimal-tarif	Neuer Minimal-tarif	Neuer Maxi-maltarif	
schuhen nur diejenigen, welche bloß 1 oder 2 Finger haben und mindestens 100 g per Paar wiegen; zu groben Unterjacken diejenigen, welche 450 g oder mehr per Stück bei 60 cm Länge wiegen, bei anderer Länge in demselben Verhältnis.				
9. Posamentierwaren, siehe diese.				
10. Bänder und Zeuge mit eingewebtem Kautschuk, Guttapercha u. dergl., sowie Gürtel daraus	1,10	**1,50**	**2,00**	—
Abzug für Schachteln, Papierumschläge und Einlagen wird nicht gewährt.				
11. Blonden, Spitzen, gestickte Festons, Einsätze u. dergl., sowie Bobbinet und Tüll	4,00	4,00	**5,60**	1,4
12. Andere durchsichtige oder durchbrochene Waren, wenn solche entweder gestickt oder mit Mustern, Figuren, Streifen oder Karos gewebt sind (darunter nicht Stickereien auf Kanevas)	2,00	2,00	2,50	9
Anmerkung. Als durchsichtig oder durchbrochen werden Waren angesehen, wenn zwischen den einzelnen Fäden (mit Ausnahme der Stickerei oder der eingewebten dichteren Figuren, Streifen u. dergl.) ein Zwischenraum von mindestens der Stärke eines Fadens ist, oder, falls dies nicht entschieden werden kann, wenn $^1/_4$ qm nicht mehr als 20 g wiegt.				
13. Andere Wollenwaren:				
a) Waren, welche 55 g oder weniger per $^1/_4$ qm wiegen,				

Warengruppe	Zollsätze in Kronen pro kg: Geltend. Minimaltarif	Neuer Minimaltarif	Neuer Maximaltarif	Norweg. Gesamteinfuhr in dz 1903
sowie Tücher, Tischdecken u. dergl., ferner Möbel- und Gardinenstoffe, wie Damast, Rips, Plüsch u. dergl.	1,50	**1,65**	**2,00**	3975
b) andere	1,00	**1,25**	**1,75**	5895
Anmerkung 1. Wollenwaren in Verbindung mit Seide, siehe Seidenwaren; Wollenwaren in Verbindung mit Haar (soweit solche nicht unter Haar tarifiert sind) oder anderen Spinnstoffen werden wie Wollenwaren verzollt.				
Anmerkung 2. Genähte, gestickte oder mit anderem Putze versehene Wollstoffe — **darunter auch die in Nr. 13a aufgeführten Tücher, Tischdecken u. dergl., jedoch mit Ausnahme von Trikotwaren** — werden wie Kleider verzollt.				
Wasserglas	frei	frei	frei	1584
		pro Stück		
Fahrräder	*30,00*	*30,00*	***40,—***	11
Fahrradteile:		pro kg		
a) fertige	2,50	2,50	**3,50**	73
b) unfertige, wie das bearbeitete Material.				
Wein, auch Chinin und andere Medikamente enthaltender:		pro lit.		42633
1. **in Flaschen:**				
a) **moussierender**	—	***1,50***	***2,—***	
b) **anderer**	—	***0,70***	***1,—***	
2. **in Fässern oder Kruken:**				
a) **bis zu 21 % Alkoholgehalt** per l	—	***0,40***	***0,80***	

Warengruppe	Zollsätze in Kronen pro kg			Norweg. Gesamteinfuhr in dz 1903
	Geltend. Minimaltarif	Neuer Minimaltarif	Neuer Maximaltarif	
b) **über 21% Alkoholgehalt, wie Branntwein von entsprechender Stärke in anderen Behältern.**				
Tara für Fässer 16%.				
Anmerkung 1. Wein, welcher sich bei der Einfuhr als um einige Gradbruchteile über 21% alkoholhaltig herausstellt, kann zugelassen werden als Wein bis zu 21% Alkoholgehalt, wenn ein Attest einer öffentlichen autoritativen Stelle dafür beschafft wird, daß die Ware bei der Versendung aus dem Produktionsland nicht mehr Alkoholgehalt hatte, als bis zu 21% Gay-Lussac.				
Anmerkung 2. Die Menge von Wein, die in Fässern und Kruken eingeführt wird, wird nach einer vom Zolldepartement näher zu bestimmenden Methode durch Verwiegen und Umrechnen in Hohlmaß ermittelt.				
Weinhefe oder Weinmutter, flüssige: wie Wein.				
Weinstein	frei	frei	frei	99
Wagen, Karren und Schlitten:				*Kr.*
1. Lokomotiven und Tender	0,08	***10%***	***15%***	*68600*
2. **Wagen für Eisenbahnen und**	0,05			
Straßenbahnen, Motorwagen	0,09			*Kr.*
aller Art und Draisinen . . .	0,15	***12%***	***18%***	*36.100*
3. Kinderwagen	*15 %*	*15 %*	*20 %*	*52.900*
jedoch pro Stück mindestens:	2,50	2,50	3,00	*3012 Stück*
		pro kg		
—, Teile davon	0,25	0,25	0,30	

Warengruppe	Zollsätze in Kronen pro Stück			Norweg. Gesamteinfuhr in dz 1903
	Geltend. Minimaltarif	Neuer Minimaltarif	Neuer Maximaltarif	
4. Arbeitswagen:				
a) vierrädrige	*15.—*	*15.—*	*18.—*	*16*
b) zweirädrige, sowie Ziehwagen und Ziehkarren	*5.—*	*5.—*	*6.—*	*18 Stück*
c) Schubkarren	*1,50*	*1,50*	*1,80*	*32* „
5. geschlossene Warentransportwagen	*40.—*	*40.—*	*48.—*	*20* „
6. Personenwagen ohne Lackierung, Polsterung oder Lederarbeit:				
a) vierrädrige, ganz überdeckte (Landauer und Kupees)	*100.—*	*100.—*	*120.—*	*1* „
b) andere vierrädrige	*50.—*	*50.—*	*60.—*	*3* „
c) zweirädrige	*25.—*	*25.—*	*30.—*	*3* „
7. Personenwagen mit Lackierung, Polsterung und Lederarbeit:				
a) vierrädrige, ganz überdeckte (Landauer, Kupees)	*250.—*	*250.—*	*300.—*	*4* „
b) andere vierrädrige	*100.—*	*100.—*	*120.—*	*3* „
c) zweirädrige	*50.—*	*50.—*	*60.—*	*2* „
8. Schlitten:				
a) Arbeitsschlitten	*3.—*	*3.—*	*3,60*	*100* „
b) Kufen und Kinderschlitten	*1.—*	*1.—*	*1,50*	*79* „
c) andere Schlitten:				
1. ohne Lackierung, Polsterung oder Lederarbeit	*10.—*	*10.—*	*12.—*	*27* „
2. mit solcher	*25.—*	*25.—*	*30.—*	*6* „
Wachs	frei	frei	frei	93
		pro kg		
Wachslichte, Wachsstöcke und andere Waren aus Wachs, welche nicht unter einen höheren Zollsatz fallen	0,30	0,30	**0,30**	16
Weberschiffchen, Weberschützen,				

Warengruppe	Zollsätze in Kronen pro kg			Norweg. Gesamteinfuhr in dz 1903
	Geltend. Minimaltarif	Neuee Minimaltarif	Neuer Maximaltarif	
Weberhelfen, Weberschiffchentreiber (pickers) u. dergl.	0,05	**0,10**	**0,13**	165
Eier	0,20	0,20	**0,28**	2567
Bier, aller Art, sowie Porter, Ale, Prydsing, Mumme etc.:		pro l		
in Flaschen oder Kruken	*0,27*	***0,30***	*0,50*	*256*
		pro kg		
in anderen Behältern	0,22	**0,25**	**0,40**	1163
Tara: Fässer 19%.				
Artikel, welche unter keine der voraufgeführten Warengruppen fallen	*15 %*	*15 %*	*15 %*	*290.633 Kr.*

Liste künftiger Mindestsätze.

Für nachstehende Waren, deren Zollsätze durch die geltenden Verträge gebunden sind, werden mit deren Ablauf folgende Mindestsätze festgelegt:

Baumwolle und Baumwollwaren.		
13. Zuzufügen: „gestickte Festons, Einsätze u. dergl."		
15. Bobbinet und Tüll, sowie andere durchsichtige und durchbrochene Stoffe, wenn sie entweder mit Spitzen versehen oder mit Mustern, Figuren, Streifen oder Karos gewebt sind (darunter nicht Stickerei auf Kanevas)	2,—	Kr.
(wird zusammengefaßt mit der vorausgehenden Position: curtain nets).		
Kindermehl	0,40	„
Elektrische Apparate und Leitungen.		
g) Isolatoren aller Art für Telegraphen und Telephone	0,06	„
Früchte und Beeren.		
1a) Orangen aller Art, wie Apfelsinen, Zitronen, Limonen, Pomeranzen	0,10	„
1b) Weintrauben	0,25	„
2c) Feigen und Feigenkäse	0,20	„
2d) Rosinen	0,15	„
2g) Mandeln	0,50	„
Gemüse. 1b) Melonen	0,40	„
3. andere, getrocknet	0,25	„
Erde und Ton.		
7. Gewöhnliche Töpferwaren.		
a) unglasiert und ungemalt	0,03	„
b) andere	0,06	„
Kork, — andere Waren daraus	0,18	„
Metalle.		
II. Waren. C. Eisen.		
4b) Platten von Eisen oder Stahl, in einer Dicke von 3 mm oder mehr, bearbeitet,	5%	v. W.
9. Röhren, gegossene wie gezogene, geschweißte und gewalzte, Balken, Säulen, Pfosten	0,01	Kr.
10. Ventile zu Röhren (Hähne), Stoppventile und Schornsteinaufsätze	0,10	„
Nüsse, a) Haselnüsse	0,40	„

FSC
www.fsc.org
MIX
Papier | Fördert gute Waldnutzung
FSC® C083411

Kolibri 360 GmbH
Ferdinand-Jühlke-Straße 7
99095 Erfurt, Deutschland
produktsicherheit@kolibri360.de